Udo Rauchfleisch

Anne wird Tom – Klaus wird Lara

Udo Rauchfleisch

Anne wird Tom – Klaus wird Lara

Transidentität/Transsexualität verstehen

Patmos Verlag

Wichtiger Hinweis:
Die in diesem Buch enthaltenen Informationen, Hinweise und Übungen wurden nach bestem Wissen des Autors erstellt und sorgfältig geprüft. Sie ersetzen jedoch nicht den persönlich eingeholten (psycho-)therapeutischen oder medizinischen Rat. Verlag und Autor können für Irrtümer oder etwaige Schäden, die aus der Anwendung der dargestellten Informationen, Hinweise oder Übungen resultieren, keine Haftung übernehmen. Deren Nutzung bzw. Durchführung erfolgt auf eigene Verantwortung der Leserinnen und Leser.

FSC www.fsc.org
MIX
Papier aus verantwortungsvollen Quellen
FSC® C083411

Für die Schwabenverlag AG ist Nachhaltigkeit ein wichtiger Maßstab ihres Handelns.
Wir achten daher auf den Einsatz umweltschonender Ressourcen und Materialien.

Bibliografische Information der Deutschen Nationalbibliothek
Die Deutsche Nationalbibliothek verzeichnet diese Publikation in der Deutschen Nationalbibliografie; detaillierte bibliografische Daten sind im Internet über http://dnb.d-nb.de abrufbar.

2. Auflage 2016

www.patmos.de

Umschlaggestaltung: Finken & Bumiller, Stuttgart
Druck: CPI books GmbH, Leck
Hergestellt in Deutschland
ISBN 978-3-8436-0427-7 (Print)
ISBN 978-3-8436-0428-4 (eBook)

Inhalt

Einleitung: Warum ein Ratgeber für Angehörige, Freunde und Mitarbeitende von transsexuellen/transidenten Menschen?

Da es beim Thema Transsexualität/Transidentität viel begriffliche Verwirrung gibt und Sie möglicherweise bereits beim Untertitel dieses Ratgebers über das Wort »Transidentität« gestolpert sind, möchte ich am Anfang dieses Kapitels zunächst die Begriffe klären, die ich im Folgenden verwenden werde. Ich hoffe, dass Ihnen als Leserinnen und Leser, die noch nicht so vertraut mit dem Thema sind, dies bei der Lektüre dieses Ratgebers helfen wird.

Im Allgemeinen hören Sie die Begriffe »Transsexualität« bzw. »Transsexualismus«. Dies sind die üblichen Begriffe in der öffentlichen Diskussion, aber auch im wissenschaftlichen Bereich. Deshalb wurde mir vom Verlag nahegelegt, auch die Bezeichnung »Transsexualität« im Untertitel aufzuführen. Andernfalls könnte es passieren, dass Menschen, die sich über das Thema informieren wollen, das Buch mittels der Suchmaschinen im Internet nicht finden. Die Bezeichnung »Transsexualität« trifft jedoch nicht das Wesen dieser Menschen, da es bei ihnen nicht um die sexuelle Ausrichtung oder die Art, wie sie ihre Sexualität leben, geht, sondern um ihre Identität. Aus diesem Grund wird in neuerer Zeit, auch unter Fachleuten, eher der Begriff »Transidentität« verwendet, den auch ich bevorzuge und im vorliegenden Ratgeber verwenden werde.

Bei der Beschreibung sogenannter »transidenter« Menschen wird in psychologischen und psychiatrischen Berichten häufig von »Frau-zu-Mann«- bzw. »Mann-zu-Frau«-Transidenten gesprochen. Durch »Mann-zu-Frau« soll ausgedrückt werden, dass ein biologischer Mann sich als Frau wahrnimmt und die Angleichung an den weiblichen Körper wünscht. »Frau-zu-Mann« dient der Beschreibung dessen, dass eine biologische Frau sich als Mann empfindet und die Angleichung an den männlichen Körper sucht. Im Grunde widersprechen diese

Bezeichnungen aber dem Erleben transidenter Menschen. Aus ihrer Sicht machen sie nämlich keine *Veränderung* von Mann zu Frau oder von Frau zu Mann durch, sondern sind von jeher im Innern Frau bzw. Mann gewesen und möchten nun »nur noch« den Körper an diese Identität anpassen lassen und in der dieser Identität entsprechenden Rolle leben.

»Transidente« selbst bezeichnen sich als »Transmenschen« und unterscheiden zwischen »Transmann« (biologische Frau, deren Identität männlich ist) und »Transfrau« (biologischer Mann, dessen Identität weiblich ist). Ich möchte im Folgenden bei meiner Darstellung diese Begriffe verwenden, da sie durch die Charakterisierung Trans*mann* bzw. Trans*frau* die Selbstdefinition und die soziale Rolle als Frau bzw. als Mann in den Vordergrund stellen und so dem Erleben von Transmenschen am besten entsprechen. Dabei ist mir klar, dass es für Sie als Leserinnen und Leser eine gewisse Gewöhnung an diese Terminologie braucht, da sie nicht – wie sonst üblich – vom biologischen Geschlecht ausgeht und die Person danach benennt, sondern die Identität des betreffenden Menschen in den Vordergrund stellt und ihn dementsprechend bezeichnet.

Gewiss haben Sie schon ab und zu von Transmenschen gehört oder gelesen, meist wahrscheinlich im Zusammenhang mit Travestieshows, außergewöhnlichen Schicksalen oder gar mit Situationen, in denen Transmenschen Opfer von Gewalt geworden sind. Immer aber ging es dabei um Menschen, die Ihnen persönlich fremd waren und an deren Schicksal Sie nur indirekt über die Massenmedien Anteil genommen haben. Nun aber hat sich in Ihrer unmittelbaren Umgebung eine Frau oder ein Mann als »trans« geoutet, und unvermittelt sind Sie mit dem Phänomen Transsexualität bzw. Transidentität konfrontiert.

Sie dachten bisher vielleicht, Sie wüssten gut, was Transidentität ist. Jetzt aber merken Sie durch die Konfrontation mit einem Transmenschen, dass Sie nur eine vage Ahnung davon haben, wie ein solcher Mensch sich fühlt, wie der Weg der körperlichen Angleichung an das andere Geschlecht verläuft und welche Konsequenzen sich daraus für alle ergeben, die mit dieser Transperson in Kontakt stehen.

Außerdem spüren Sie beim Zusammentreffen mit diesem Menschen, dass das Phänomen Transidentität heftige Gefühle in Ihnen auslöst: Irritation, Unbehagen und Hilflosigkeit, ja vielleicht sogar Ablehnung. Sie mögen sich solcher Gefühle schämen oder sind vielleicht über sich selbst erstaunt, weil Sie sich doch für aufgeschlossen und tolerant gehalten haben. Oder Sie haben den Eindruck, mit Recht würden Sie Transidentität für eine psychische Krankheit halten und die Maßnahmen zur Angleichung an das andere Geschlecht völlig zurecht ablehnen – aber nun treffen Sie im Umfeld von Transidenten mit anderen Menschen zusammen, die eine völlig andere Auffassung vertreten, nämlich der Transidentität positiv gegenüberstehen und die betreffende Person auf ihrem Weg in die neue Geschlechtsrolle unterstützen.

Im positiven Fall wird die Wahrnehmung solcher widerstreitenden Gefühle und unterschiedlichen Einstellungen zur Transidentität in Ihnen den Wunsch entstehen lassen, sich genauer über Transidentität zu informieren.

Als Angehörige, Freund oder Kollegin eines Transmenschen werden Sie wahrscheinlich auch bemerken, dass Sie vielfach unsicher sind, wie Sie dieser Person begegnen sollen. Wie verhalten Sie sich zum Beispiel Ihrer Kollegin gegenüber, die Sie jahrelang als »Manuela Meister« kannten und die nun sagt, sie möchte als »Martin Meister« angesprochen werden? Oder wie verhalten Sie sich, wenn Ihnen Ihr Sohn nach der Eröffnung, transident zu sein, eines Tages geschminkt und mit Perücke in Frauenkleidern entgegentritt? Und wie gehen Sie mit den Gefühlen um, die Ihr Ehemann in Ihnen ausgelöst hat, als er Ihnen eröffnet hat, er sei transident und werde in Zukunft als Frau leben wollen? Und nicht zuletzt: Wie vermitteln Sie dies Ihren Kindern, für die der Papa plötzlich zur Mama wird?

Diese und andere Fragen und Probleme möchte ich in diesem Ratgeber behandeln. Da Transidentität keineswegs ein so seltenes Phänomen ist, wie mitunter angenommen wird (siehe Kapitel 2) und mehr Transidente als früher sich heute outen, können viele Menschen im Familien- und Freundeskreis sowie an der Arbeitsstelle mit Transpersonen zusammentreffen.

Ich beschäftige mich als Psychotherapeut und Forscher seit über vierzig Jahren mit transidenten Menschen, die ich beruflich in der psychotherapeutischen Begleitung, im Rahmen von Begutachtungen und auch privat im Freundeskreis erlebe. Aus dieser Erfahrung heraus habe ich mich entschlossen, den vorliegenden Ratgeber zu schreiben, zumal es im deutschsprachigen Bereich keine vergleichbare Publikation gibt. Eine sich eher an Fachleute sowie die Transidenten selbst richtende ausführliche Darstellung dessen, was wir heute wissenschaftlich über Transidentität wissen und wie der Transitionsprozess verläuft, findet sich in meinem Buch *Transsexualität – Transidentität* (3. Auflage 2012).

Der vorliegende Ratgeber hingegen richtet sich in erster Linie an Sie als Menschen aus dem privaten und beruflichen Umfeld von Transidenten und möchte Ihnen konkrete Hinweise für Ihren Umgang mit diesen Menschen liefern. Immer wieder erfahre ich in der psychotherapeutischen Begleitung von Transmenschen und ihren Bezugspersonen im privaten wie im beruflichen Bereich, wie hilflos ihre Angehörigen und Bekannten im Umgang mit ihnen oft sind und dass sie selbst bei psychologischen und psychiatrischen Fachleuten wenig Hilfe finden, da diese selbst oft keine fundierten Kenntnisse über Transmenschen und das Leben ihrer Angehörigen und Freunde haben.

Wiederholt habe ich in den vergangenen Jahren auch erlebt, dass beispielsweise Vorgesetzte zusammen mit ihren transidenten Mitarbeiterinnen und Mitarbeitern zu mir als Therapeuten gekommen sind, um zu besprechen, wie der Rollenwechsel möglichst problemlos in der Firma vollzogen werden kann. Hinter diesem Anliegen wird auf der einen Seite die Hilflosigkeit der Vorgesetzten gegenüber der transidenten Mitarbeiterin bzw. dem transidenten Mitarbeiter spürbar. Aus ihrem Wunsch, mit der transidenten Person zusammen den Rollenwechsel zu planen, spricht auf der anderen Seite aber auch das Bewusstsein der Verantwortung, die der oder die betreffende Vorgesetzte für die Transperson und das Arbeitsteam empfindet. Die Erfahrung zeigt, dass ein so geplantes, aufeinander abgestimmtes Vorgehen beim Coming-out am Arbeitsplatz große Vorteile hat und erheblich zu einer positiven Entwicklung des Transmenschen und des ganzen Teams am Arbeitsplatz beiträgt.

In elf Kapiteln werde ich im vorliegenden Ratgeber die wichtigsten Fragen und Problembereiche, zum Teil anhand von Beispielen einzelner Transmenschen und ihrer Familien und Arbeitsteams, diskutieren und Hinweise für einen konstruktiven Umgang mit den betreffenden Situationen geben. Die Beispiele habe ich aufgrund realer Situationen von Klientinnen und Klienten formuliert, wobei ich aber jeweils Teile aus verschiedenen Lebensgeschichten zu einem Beispiel zusammengefügt habe, so dass die Anonymität einzelner Personen absolut gewährleistet ist. Die genannten Namen sind fiktiv.

Die Hinweise, die ich bei der Diskussion der verschiedenen Themen gebe, sollten Sie nicht als verbindliche Handlungsanweisungen missverstehen. Transmenschen und ihre Lebensumstände sind so unterschiedlich wie die aller anderen Menschen auch. Deshalb werde ich auch keine ausführliche Lebensgeschichte einer einzelnen Transperson schildern. Würde ich dies tun, so bestünde die Gefahr, dass Sie als Leserinnen und Leser dieses Ratgebers den Eindruck gewinnen, dies sei die »typische« Biographie einer transidenten Person. Und die gibt es nicht! Insofern sollten Sie die Hinweise, die ich in den elf Kapiteln gebe, als *Anregungen* verstehen, wie Sie mit den betreffenden Situationen umgehen *können*. Das konkrete Verhalten müssen Sie individuell Ihrer Persönlichkeit, Ihren Lebensumständen und dem Transmenschen, um den es geht, anpassen. Im ersten Kapitel werde ich die Emotionen und Gedanken behandeln, die wohl in allen auftauchen, die zum ersten Mal mit einem Transmenschen zusammentreffen, nämlich das Gefühl, die Welt nicht mehr zu verstehen, wenn ein Mann eine Frau und eine Frau ein Mann sein will.

Im zweiten Kapitel werde ich dann ausführlich schildern, was wir heute über Transidentität wissen und wie der Weg von Transmenschen beim sozialen Rollenwechsel und bei der körperlichen Angleichung an das andere Geschlecht verläuft. Ich habe mich dabei bemüht, Ihnen nicht allzu viel an Fachjargon und theoretischen Überlegungen zuzumuten. Ich denke aber, dass es für Sie als Angehöriger oder Freundin eines Transmenschen wichtig ist, gut über Transidentität informiert zu sein. Dies kann Ihnen dann auch helfen, die Informationen, die Sie im Internet finden oder von Fachleuten erhalten, besser zu verstehen und, falls nötig, auch kritisch zu hinterfragen. Denn gerade beim Thema Transidentität werden Sie immer wieder auf die widersprüchlichsten Angaben stoßen, die Sie leicht in große Verunsicherung stürzen können, wenn Sie nicht einigermaßen gut informiert sind.

Falls Sie mit einigen Informationen, die ich Ihnen im zweiten Kapitel liefere, vielleicht anfangs Probleme haben, wird Ihnen etliches sicher klarer, wenn ich in den folgenden neun Kapiteln auf die verschiedenen Themen eingehe und sie zum Teil an Beispielen von Transmenschen und ihren Bezugspersonen veranschauliche. Es wird um die Frage gehen, wie Sie einem Transmenschen begegnen und welche Gefühle dies in Ihnen auslöst (Kapitel 3), welche Änderungen nach dem Rollenwechsel und der Personenstandsänderung nötig werden (Kapitel 4), und um die Frage, wie Sie als Familienmitglied, Freund oder Freundin eines Transmenschen mit Ihrem eigenen »Coming-out« umgehen, d. h. wenn Sie anderen Menschen eröffnen, dass Ihr Sohn bzw. Ihre Tochter oder Ihr Ehemann bzw. Ihre Ehefrau transident ist (Kapitel 5).

In den folgenden Kapiteln werde ich auf die Sorgen eingehen, die Sie sich um den Ihnen nahestehenden Transmenschen machen, zum Beispiel ob er nach dem Rollenwechsel Probleme am Arbeitsplatz haben wird (Kapitel 6), ich werde die besondere Situation schildern, mit der Sie als Eltern eines Transkindes konfrontiert sind (Kapitel 7), und werde Ihre Sorge diskutieren, Ihr Transangehöriger oder Ihre Transfreundin könne sozial ausgegrenzt oder gar Opfer von Gewalt werden (Kapitel 8).

Die drei letzten Kapitel sind der Familie von Transmenschen gewidmet, nämlich Ihrer Situation als Ehefrau oder Ehemann, der/dem der Partner bzw. die Partnerin eröffnet, transident zu sein (Kapitel 9), dem Problem, wie Sie Ihre Kinder über die Transidentität Ihres Ehepartners informieren können, ohne dass die Kinder dadurch psychischen Schaden erleiden (Kapitel 10), sowie der Frage, wie es für Ihre Kinder ist, wenn Mama zu Papa bzw. Papa zu Mama wird (Kapitel 11).

Das Kapitel 10 wird, neben dem theoretischen Kapitel 2 und dem Kapitel 8, das Ihre Sorgen um eine mögliche Ausgrenzung des Ihnen nahestehenden Transmenschen behandelt, das ausführlichste sein, da es mir wichtig erscheint, gerade der Situation der Kinder von Transmenschen besondere Aufmerksamkeit zu schenken. Das Kapitel 4 über die mit dem Rollenwechsel nötig werdenden Änderungen hingegen ist das kürzeste. Dies bedeutet nicht, dass die darin diskutierten Themen unwichtig wären. Sie sind aber knapper darstellbar, und meine Ausführungen dienen vor allem Ihrer Information, während der Umgang mit

Ihren Kindern und die Auseinandersetzung mit möglichen Diskriminierungen von Transmenschen wesentlich komplexer sind und deshalb eine ausführlichere Diskussion erfordern.

Am Ende jedes Kapitels werden die wichtigsten Aspekte noch einmal angeführt, »auf den Punkt gebracht«. Den Abschluss dieses Ratgebers bildet eine thesenartige Zusammenfassung der Hauptthemen. Im Anhang finden Sie einige Angaben zu weiterführender Literatur und die wichtigsten Transsexuellenverbände und -organisationen, bei denen Sie Informationen und Unterstützung finden können.

Der vorliegende Ratgeber richtet sich zwar in erster Linie an Angehörige, Freundinnen und Freunde sowie an Personen aus dem beruflichen Umfeld von Transmenschen. Bei der Darstellung der verschiedenen Problembereiche weise ich aber immer wieder auch auf Themen hin, mit denen die Transmenschen selbst sich auseinandersetzen müssen, zum Beispiel mit Ihrer Wirkung auf andere Menschen und mit den Gefühlen, die sie in Angehörigen und Freunden auslösen. Vielleicht regt die Lektüre dieses Ratgebers Sie ja auch an, *gemeinsam* die hier angesprochenen Themen zu *diskutieren und in einen fruchtbaren Dialog miteinander zu treten.* Möge dieses Buch Ihnen eine Hilfe auf dem Weg zum Verständnis und zur Akzeptanz Ihres transidenten Angehörigen oder Ihrer transidenten Freundin sein und dazu beitragen, dass Sie einander besser verstehen und zusammen einen erfolgreichen, für Sie alle fruchtbaren Weg gehen.

Im Sommer 2013
Udo Rauchfleisch

1. Ich verstehe die Welt nicht mehr: Eine Frau ist ein Mann und ein Mann eine Frau?

Wir gehen in unserer Kultur und unserer Epoche davon aus, dass es zwei Koordinaten gibt, die absolut festliegen, nämlich das Frausein und das Mannsein. Es scheint uns selbstverständlich zu sein, dass es weibliche und männliche Körper gibt und dass diese eindeutig das Geschlecht bestimmen. Als einzige Ausnahme erkennen wir die Intersexualität an, die bei Menschen besteht, bei denen wir die körperlichen Merkmale beider Geschlechter finden.[1]

Wenn uns jedoch ein Mann mit einem biologisch eindeutig männlichen Körper eröffnet, er sei eine Frau, oder eine Frau mit einem biologisch eindeutig weiblichen Körper, sie sei ein Mann, stellt dies für uns die Welt gleichsam auf den Kopf und löst bei den meisten Menschen eine extreme Verunsicherung aus.

Obwohl es, wie ich in der Einleitung geschrieben habe, nicht *die* für Transmenschen typische Persönlichkeit und Lebensgeschichte gibt, ähneln sich die Berichte von Transfrauen und Transmännern doch in einer Hinsicht oft sehr: Die erste Mitteilung ihrer Transidentität löst fast immer bei Angehörigen, Freundinnen und Freunden sowie Kolleginnen und Kollegen im beruflichen Bereich große Irritation aus. Das folgende Beispiel soll das veranschaulichen.

> Martin Zöllner, ein 28-jähriger Büroangestellter, hat bereits in seiner Kindheit und Jugendzeit ein großes Interesse an weiblicher Kleidung und weiblichen Tätigkeiten gespürt. So hat er, wenn seine Eltern und Geschwister nicht zu Hause waren, heimlich Unterwäsche der Mutter oder Kleider der Schwester angezogen und ist, sich nur mit Mühe auf den Beinen haltend, mit den hochhackigen Schuhen der Mutter durch die Wohnung stolziert. Gerne hätte er sich auch geschminkt, unterließ dies aber aus Angst, die Schminke vielleicht nicht mehr richtig beseitigen zu können – er hatte die Mutter einmal

etwas von »kussechtem« Lippenstift sagen hören. Wenn Martin sich als Mädchen bzw. Frau kleiden konnte, waren dies Momente, in denen er sich »total eins mit mir selbst befand«, wie er später seinem Psychotherapeuten berichtete. Er habe als Kind und Jugendlicher noch nicht gewusst, was mit ihm los sei. Nur eines habe er ganz deutlich gespürt: »Ich bin kein Junge. Ich bin ein Mädchen.«

Die Eltern wussten nichts von diesen heimlichen Aktionen ihres Sohnes. Seine Vorliebe für weibliche Spiele und Tätigkeiten (so wollte Martin in Rollenspielen mit Kameraden immer die Mutter oder ein Mädchen sein) nahmen sie jedoch wahr und versuchten, ihm klarzumachen, dass er »doch ein Junge« sei und sich dementsprechend verhalten müsse. Als Martin älter wurde und immer noch stark auf die Interessen von Mädchen ausgerichtet war, indem er sich beispielsweise fast ausschließlich mit Modezeitschriften für Frauenkleidung beschäftigte und stundenlang selbst Kleider entwarf und Pläne für die Herstellung solcher Kleider zeichnete, reagierten die Eltern mit erheblicher Strenge und verboten ihm diese Beschäftigung schließlich total.

»Du musst dich mehr um den Jungen kümmern«, meinte Frau Zöllner zu ihrem Mann. »Dann wird er sich auch mehr an dir als Mann orientieren.« Obwohl Herr Zöllner Martin in der Folge mit zum Fußballplatz nahm, mit ihm regelmäßig zum Schwimmen ging und ihn für technische Dinge zu interessieren versuchte, spürten die Eltern, dass Martin zwar alle diese Aktivitäten »brav« mitmachte und das Zusammensein mit dem Vater auch durchaus schätzte, dass sein Interesse an der Welt der Frauen damit aber keineswegs verschwunden war.

Als Martin in die Pubertät kam, seinen Bart wachsen sah und sexuelle Regungen verspürte, stürzte ihn dies in eine tiefe Krise. Alles in ihm bäumte sich gegen die Männlichkeit auf, mit der er sich nun auch körperlich konfrontiert sah. Gegenüber den Eltern hielt er diese Gefühle aber geheim und äußerte auf ihre Fragen, was denn mit ihm los sei, ausweichend, er mache sich Sorgen wegen der Schule und seines weiteren Lebens. Da Martins Schulleistungen infolge der Krise, in der er steckte, in dieser Zeit tatsächlich nicht besonders gut waren, gaben sich die Eltern mit dieser Antwort zufrieden. »Das ist halt

so in der Pubertät. Ich habe das ähnlich erlebt«, erklärte Herr Zöllner seiner Frau.
Dass das Leiden unter seiner Männlichkeit und der Wunsch, Frau zu sein, für Martin ein zentraler Konflikt war, ahnte in dieser Zeit niemand. Dies umso weniger, als er im Alter von 18 Jahren begann, gemeinsam mit Klassenkameraden anstrengende Hochgebirgstouren zu machen, und sich auch sonst intensiv sportlich betätigte. So meldete er sich bei einem Verein für Kampfsportarten an und trainierte dort intensiv. »Jetzt übertreibt er es aber wirklich«, fanden sogar seine Eltern, die ansonsten froh waren, dass Martin sich so ganz auf die männliche Seite geschlagen zu haben schien. Auch in seinem Äußeren war Martin in der Zeit zwischen seinem 18. und 28. Lebensjahr ein »richtiger Mann«: körperlich trainiert, mit Bart und kurzen Haaren.
Umso überraschender war es, als er an seinem 28. Geburtstag beim Abendessen den Eltern mitteilte: »So kann ich nicht weitermachen!« Unter Tränen gestand er ihnen, dass er sich zehn Jahre lang Mühe gegeben habe, ein Mann zu sein. Doch all die »männlichen« Aktivitäten und sein betont »männliches« Aussehen hätten ihn nicht darüber hinwegtäuschen können, dass er in Wahrheit kein Mann, sondern eine Frau sei. »Ich hasse diese tägliche Verkleidung als Mann und dieses Angesprochenwerden als ›Herr‹ Zöllner!«, brach es aus Martin hervor. »Ich bin das doch gar nicht. Ich bin Martina und nicht Martin. Und ich will mich jetzt behandeln lassen und endlich auch körperlich ganz Frau werden und auch so leben.«
Fassungslos starrten die Eltern den Sohn an. »Das ist doch nicht dein Ernst«, stammelte Frau Zöllner, als sie wenigstens einigermaßen die Fassung wiedergewonnen hatte. »Das ist unmöglich. Du bist ein Mann und keine Frau«, schaltete sich der Vater ein. »Deine Mutter hat dich als Junge zur Welt gebracht, und wir haben dich als Junge aufwachsen gesehen und haben miterlebt, wie du zum Mann geworden bist. Schau doch in den Spiegel. Dann siehst du ja selbst, dass du ein Mann bist. Wie kommst du nur auf diese verrückte Idee, eine Frau zu sein?«
Die letzten Worte des Vaters trafen Martin tief. Er sprang auf und rannte weinend aus dem Zimmer. Die Mutter eilte ihm nach, schloss

ihn in die Arme und versuchte ihn zu beruhigen. »Nimm das Ganze doch nicht so schrecklich ernst«, versuchte sie ihn zu trösten. »Du bist offensichtlich in einer schweren Krise. Da zweifelt man manchmal an den selbstverständlichsten Dingen. Am besten meldest du dich bei einem Psychotherapeuten an und besprichst mit ihm deine Probleme. Du wirst sehen, dann vergehen diese Ideen wieder.« Obwohl Martin spürte, dass seine Mutter ihn trösten und ihm Mut machen wollte, fühlte er sich auch durch ihre Worte verletzt und total allein gelassen.

»Begreift ihr denn gar nicht, dass es mir mit dem Frausein total ernst ist? Von Kindheit an habe ich gewusst, dass ich kein Junge bin. Und ihr habt das doch auch gemerkt und mich deshalb mit aller Macht in die männliche Rolle zu schieben versucht. Ich habe ja selbst eine Zeit lang gedacht, ich würde es schaffen und könnte mich mit meiner Männlichkeit aussöhnen. Zehn Jahre lang habe ich dieses Problem verdrängt. Das hat mich wahnsinnig viel Kraft gekostet. So kann ich nicht mehr weitermachen! Es gibt jetzt nur noch einen einzigen Weg: Ich will als die Frau leben, die ich im tiefsten Inneren bin!«

Das Ehepaar Zöllner war über diese Eröffnung ihres Sohnes, als Frau leben zu wollen, völlig entsetzt. »Am Ende willst du dich auch noch umbauen lassen?«, fragte der Vater in einem der vielen Gespräche, welche die Eltern mit Martin führten und in denen sie ihn immer wieder von seinem Plan abzubringen versuchten. »Selbstverständlich werde ich mich bei einem Endokrinologen zur Hormonbehandlung anmelden und mit einem plastischen Chirurgen die Operation besprechen. Außerdem wird man nicht ›umgebaut‹, sondern mein männlicher Körper wird operativ dem weiblichen angeglichen, damit endlich das Äußere dem Inneren entspricht«, war Martins Antwort darauf. »Sprich bitte nicht davon«, bat die Mutter ihn. »Es graust mich bei dem Gedanken, dass du an deinem schönen Körper herumschneiden lassen willst. Das ist ja schrecklich! Letzten Endes ist ein Mann doch ein Mann, und was auch immer du machen wirst: Für mich bleibst du mein Sohn Martin, der du immer warst.«

Vielleicht erkennen Sie sich als Elternteil, Angehöriger oder Freund eines Transmenschen in manchen der Reaktionen des Ehepaares Zöllner wieder. So oder ähnlich ist es Ihnen vielleicht auch ergangen, als Ihre Freundin Ihnen, vielleicht ähnlich wie Martin im Beispiel, unter Tränen und mit starken Schamgefühlen »gestanden« hat, sie sei nicht die Frau, die Sie bisher in ihr gesehen hätten, sondern sie sei im tiefsten Inneren ein Mann. Kopfschütteln, ungläubiges Erstaunen und bagatellisierendes Gutzureden (»Das ist sicher nur so eine Phase. Nimm es nicht so ernst, und steigere dich vor allem nicht da hinein!«) sind vielleicht Ihre ersten, spontanen Reaktionen gewesen, hilflose Versuche, sich die tiefe Irritation, die diese Mitteilung in *Ihnen* ausgelöst hat, nicht anmerken zu lassen und selbst »den Kopf über Wasser« zu behalten.

Die gleiche, unter Umständen sogar noch heftigere emotionale Reaktion haben Sie vielleicht als Eltern erlebt, als Ihr erwachsener Sohn Ihnen eröffnet hat, er sei kein Mann, sondern eine Frau. Wie im Beispiel der Familie Zöllner hat diese Mitteilung wahrscheinlich eine sehr starke, Sie höchst irritierende Wirkung gehabt. Fassungslos werden Sie vermutlich Ihren Sohn angeschaut und sich nicht vorzustellen gewagt haben, wie er, geschminkt, mit Perücke und in Frauenkleidern, als Frau aussehen würde. »Das ist nicht dein Ernst!« oder »Nun bist du total verrückt geworden« sind vielleicht, wie bei Herrn Zöllner, die ersten Äußerungen gewesen, die Ihnen, obwohl Sie das nachträglich bereuen mögen, nach Überwindung des ersten Schrecks entschlüpft sind. Oder Sie haben ihn fassungslos angestarrt und seine Mitteilung wie einen Schlag ins Gesicht empfunden. »Auch das noch! Als ob wir nicht schon genug Probleme hätten. Das kann, das darf einfach nicht wahr sein«, mag Ihnen durch den Kopf geschossen sein. »Das gibt es doch gar nicht. Ein Mann ist ein Mann und eine Frau ist eine Frau. Basta!«, so wie Frau Zöllner es formuliert hat.

Nicht ganz so heftig, aber auch Ausdruck einer großen Irritation, ist vielleicht Ihre Reaktion als Arbeitskollegin oder -kollege bzw. als Vorgesetzte gewesen, als Ihre Mitarbeiterin Ihnen mitteilte, sie sei ein Mann und wolle in nächster Zukunft im Betrieb in der männlichen Rolle auftreten. Oder ein Mitarbeiter hat Ihnen eröffnet, er sei eine Frau und wolle demnächst auch am Arbeitsplatz den Wechsel in die weibliche Rolle vornehmen.

Alle, die bisher nicht persönlich mit Transmenschen zu tun gehabt haben, empfinden beim ersten Zusammentreffen mit einer solchen Person eine tiefe *Verunsicherung*, weil dadurch die scheinbar festen Koordinaten von »weiblich« und »männlich« ins Wanken geraten. Am meisten irritiert Sie dabei wohl die Tatsache, dass die Ihnen gegenüberstehende Frau nicht sagt, sie fühle sich *wie* ein Mann, sondern ihre Situation mit den Worten schildert: »Ich *bin* ein Mann.« Mitunter nehmen Transmenschen auch das Bild vom Leben im »falschen Körper« zu Hilfe, um das letztlich Nicht-Beschreibbare der Transsituation dem Gegenüber doch noch in irgendeiner Form verständlich zu machen. Aber auch dies ist eigentlich nur ein mehr oder weniger hilfloser Versuch, Ihnen als Eltern, Freundinnen, Freunden, Arbeitskolleginnen und -kollegen oder Vorgesetzten zu erklären, was es bedeutet, eine Transfrau oder ein Transmann zu sein.

Nicht selten drängt sich Angehörigen oder anderen Personen aus dem Umfeld von Transmenschen auch der Gedanke auf, vielleicht gehe es ja gar nicht um den Körper, sondern darum, dass die Person, mit der Sie sprechen, homosexuell sei, dies aber nicht akzeptieren könne und meine, als Frau nur eine Frau lieben zu können, wenn sie ein Mann sei, bzw. als Mann nur einen Mann lieben zu können, wenn er eine Frau sei. Ich werde im folgenden Kapitel noch ausführlicher darauf eingehen, dass dies eine irrige Vorstellung ist. Innerhalb der Transidentität gibt es, wie bei Nicht-Transidenten, den sogenannten »Cis-Menschen«[2], ebenfalls Hetero-, Bi- und Homosexuelle. Das heißt: Transidentität hat nichts mit der sexuellen Orientierung zu tun, was für Sie allerdings die Verunsicherung unter Umständen noch größer werden lässt. Nun will Ihr Sohn lesbisch und Ihre Tochter schwul sein? Spätestens bei dieser Äußerung Ihres Kindes steht die Welt für Sie total auf dem Kopf. Dann könnte der Mann doch Mann bleiben und mit einer Frau zusammenleben, und die Frau Frau bleiben und mit einem Mann zusammenleben, »so wie es üblich ist«.

Diese und ähnliche Gedanken und Gefühle werden in Ihnen auftauchen, wenn sich Ihnen ein Transmensch als solcher zu erkennen gibt, und »dann auch noch« homosexuell ist. Vielleicht verspüren Sie dabei auch den Impuls, nichts weiter davon wissen zu wollen und das ganze Thema als »Laune«, als »verrückte Idee«, wie es im Beispiel Martins Vater ausdrückt, als »eine Phase, die wieder vorbeigeht« oder gar als Symptom einer schweren psychischen Störung anzusehen. Dadurch versuchen Sie, die bisher gültigen Koordinaten Männlichkeit und Weiblichkeit wieder fest zu etablieren und der transidenten Person einen Platz innerhalb dieser Koordinaten zuzuweisen.

So verständlich dieser Wunsch angesichts der großen Irritation ist, die Transmenschen in anderen Menschen auslösen, so wenig wird eine solche Interpretation ihnen indes gerecht. Transidentität ist keine »Laune«, kein exzentrisches Gebaren und hat, wie ich im folgenden Kapitel noch darstellen werde, nichts mit psychischer Krankheit zu tun. Wenn Ihr Sohn oder Ihr Arbeitskollege vorher gesund war, ändert die Mitteilung, dass er ein Transmensch ist, nichts daran. Er ist durch sein Coming-out Ihnen gegenüber ja kein anderer Mensch geworden und bleibt auch nach der Transition in seinem Wesen die gleiche Person, die er immer war.

Insofern ist es verständlich, dass im Beispiel Martin Zöllner sich durch die Reaktion seiner Eltern tief verletzt fühlt. Er befindet sich zwar tatsächlich in einer »schweren Krise«, wie seine Mutter es ausdrückt. Sein Wunsch, nun endlich ganz Frau sein zu können, ist aber in keiner Weise Symptom irgendeiner psychischen Störung, bei der er »an den selbstverständlichsten Dingen zweifelt«, vielmehr hat die permanente Unterdrückung seiner wahren Identität ihn in diese Krise gestürzt.

Ähnlich wie Sie als Angehörige oder Freund eines Transmenschen vielleicht versucht haben oder es immer noch versuchen, ihn davon zu überzeugen, dass ein Mann doch ein Mann und eine Frau eine Frau sei, ergeht es Transmenschen selbst. Sie sind in unserer Gesellschaft aufgewachsen, die nur Männer *oder* Frauen kennt und auf eine eindeutige Zuweisung zu einem der beiden Geschlechter besteht, und so haben auch sie diese kulturelle Vorgabe selbstverständlich verinnerlicht. Zugleich aber spüren sie, oft von Kindheit an, dass es bei ihnen zwischen »innen« (Identität) und »außen« (biologischer Körper) keine Übereinstimmung gibt. Aus eben diesem Zwiespalt resultiert ja auch ihr Leiden, wie Martin Zöllner es im Beispiel schildert.

Es ist für etliche Transmenschen – nach meiner Erfahrung bei Transfrauen allerdings stärker als bei Transmännern – charakteristisch, dass sie mitunter über Jahre hin krampfhaft versuchen, sich den Verhaltensnormen ihres biologischen Geschlechts anzupassen. Bei Martin Zöllner sind es Hochgebirgstouren, intensives Training in Kampfsportarten und ein betont männliches Aussehen mit Bart und kurzen Haaren. Es ist ein geradezu *verzweifelter Kampf gegen sich selbst,* der schließlich in einer mehr oder weniger schweren Krise endet, in der etwa eine Transfrau wie Martin Zöllner sich selbst und der Umgebung eingestehen muss: »So kann ich nicht mehr weitermachen! Es gibt jetzt nur noch einen einzigen Weg: Ich will als die Frau leben, die ich im tiefsten Inneren bin.«

Gelingt es Ihnen bei der ersten Mitteilung Ihres Sohnes oder Ihres Freundes vielleicht noch, die Realität des Transseins beiseitezuschieben, so steigert sich die Irritation im Allgemeinen noch einmal, wenn Ihnen dieser Mann zum ersten Mal als Frau gegenübertritt. Möglicherweise ahnen Sie gar nicht, wie viel Mut und Vertrauen in Sie es braucht, damit eine Transfrau diesen Schritt zu tun wagt, besteht doch das große Risiko, dass Sie angesichts dieser »Verkleidung« (wie Sie das Tragen der weiblichen Kleidung unter Umständen bezeichnen) in schallendes Gelächter ausbrechen oder Ihrer Abneigung gegen diese »Aufmachung« mimisch und mit abwertenden Worten Ausdruck verleihen. Es ist in diesem Zusammenhang interessant zu sehen, dass Transmenschen umgekehrt das Tragen der Kleidung, die ihrem biologischen Geschlecht entspricht, häufig als »Verkleidung« empfinden.

Es mag sein, dass die noch wenig im Schminken erfahrene Transfrau es übertrieben hat und auch in der Kleidung »zu dick aufgetragen« hat im Bestreben, möglichst weiblich zu wirken. Seien Sie sich als Angehöriger, Freundin oder Kollege aber darüber klar, dass Transmenschen kein Theater spielen und für sie das Leben in der gegengeschlechtlichen Rolle nicht – wie für Transvestiten (vgl. Kapitel 2) – ein lustvolles, spielerisches Schlüpfen von einer Rolle in die andere und zurück ist, sondern dass es ihnen darum geht, durch das Leben in der gegengeschlechtlichen Rolle endlich ihr Äußeres und Inneres (ihr Bild von sich als Frau bzw. Mann) in Einklang miteinander zu bringen. Die ersten Schritte auf diesem Weg mögen bei manchen Transfrauen mitunter unbeholfen wirken. Als Außenstehende müssen Sie sich jedoch darüber klar sein, dass es um den Kern ihrer Persönlichkeit, ihre Identität, geht.

Deshalb sind kritische, entwertende Blicke und Worte über ihr Aussehen ganz besonders kränkend, fühlen Transmenschen sich dadurch doch – und zwar mit Recht – in ihrer Identität abgelehnt. Transmänner haben es diesbezüglich einfacher, weil Frauen sich in unserer Gesellschaft viel leichter männlich kleiden und verhalten können.

Ihre Irritation als Bezugspersonen ist etwas, mit dem *Sie* sich auseinandersetzen müssen, und wir alle können von Transmenschen profitieren, lehren sie uns doch, dass die Welt bunter und vielfältiger ist, als wir gemeinhin annehmen. Und weisen unsere Irritation und die gegen Transmenschen gerichtete Ablehnung uns nicht darauf hin, wie stark auch wir an den traditionellen Frau-Mann-Koordinaten hängen und in welchem Maße auch wir vorurteilsbeladen sind, obwohl wir uns immer für so tolerant und offen gehalten haben? Indem wir beim Zusammentreffen mit Transmenschen Irritation spüren und Vorurteile in uns aufsteigen sehen, bieten Transfrauen und Transmänner uns die Chance, diese Gefühle und Einstellungen zu hinterfragen und auf diese Weise den Weg zu echter Toleranz und Akzeptanz anderer, von unseren Vorstellungen abweichender Menschen frei zu machen.

Es geht hierbei um einen Prozess, den wir im Rahmen des »Diversity-Konzepts« kennen und dessen Bedeutung die internationalen Firmen längst erkannt haben und nutzen. Mit »Diversity« ist die Vielfalt hinsichtlich Geschlecht, Alter, ethnischer und religiöser Zugehörigkeit, sexueller Orientierung und anderer Merkmale gemeint, die nicht als lästiges Übel hinzunehmen ist, sondern sich in der Zusammenarbeit als wertvolle Bereicherung erwiesen hat, die es zu nutzen gilt. In diesem Sinne können wir alle *Transmenschen als einen Teil der Vielfalt des menschlichen Lebens* betrachten. Dadurch, dass sie bei uns Irritation auslösen, helfen sie uns, Einsicht in unsere oft sehr eingeengte Wahrnehmung und in unsere Vorurteile zu gewinnen. Außerdem lehren uns Transmenschen, dass Männlichkeit und Weiblichkeit nicht absolut geltende, unveränderbare Koordinaten sind, sondern wir Menschen auch in dieser Hinsicht flexible Wesen sind.

In diesem Prozess der Anerkennung und Akzeptanz von Menschen, die von unseren Normvorstellungen abweichen, wird es Ihnen kein Transmensch übel nehmen, wenn Sie offen über Ihre Irritation sprechen – die hat er sicher schon erwartet und wahrscheinlich längst in Ihrer Mimik und Ihrem Verhalten wahrgenommen. Er wird auch nicht dadurch gekränkt sein, dass Sie ihn fragen, wie er seine Situation erlebt, seit wann er sich über seine Transidentität klar ist, wie sein weiterer Weg aussieht usw. Unter Umständen können Sie als Frau der Transfrau sogar – taktvoll – hilfreiche Tipps geben, was das Schminken und die Kleidung betrifft. Wichtig bei all dem ist aber, dass das, was Sie sagen und tun, von *Wertschätzung und Respekt* dem Transmenschen gegenüber geprägt ist.

Auf den Punkt gebracht

- Zur Begrifflichkeit in diesem Buch: Statt »Transsexualität« verwende ich den Begriff »Transidentität«, weil es nicht um die sexuelle Ausrichtung, sondern um die Identität geht. Transidente selbst bezeichnen sich im Allgemeinen als »Transmenschen«, als »Transfrauen« (biologische Männer, die in ihrer Identität Frauen sind) und »Transmänner« (biologische Frauen, die in ihrer Identität Männer sind). Auch ich verwende diese Begriffe.
- Gestehen Sie sich zu, dass die erste Mitteilung der Transidentität einer Ihnen nahestehenden Person starke Gefühlsregungen, vor allem Irritation, in Ihnen auslöst.
- Wenn Ihnen Transidentität weitgehend fremd ist und Sie sehr verunsichert dadurch sind, können Sie dies der transidenten Person gegenüber offen sagen. Äußern Sie sich ihr gegenüber aber nicht in negativer, abwertender, sie verletzender Weise.
- Seien Sie sich darüber klar, dass es ein Vertrauensbeweis der transidenten Person Ihnen gegenüber ist, dass sie Ihnen von der Transidentität berichtet. Es braucht großen Mut und innere Stärke, sich als transident zu outen.
- Sehen Sie es trotz aller Irritation so, dass Transmenschen uns lehren, dass die Welt vielfältiger ist, als sie uns oft erscheint. Betrachten Sie Transidentität im Sinne des Diversity-Konzepts als Bereicherung.

2. Was ist Transidentität?

Da ich davon ausgehe, dass Transidentität – trotz all der Berichte, die wir im Fernsehen und in den anderen Massenkommunikationsmitteln immer wieder über Transmenschen finden – für die meisten Leserinnen und Leser ein Phänomen ist, über das sie keine sehr detaillierten Kenntnisse haben, möchte ich in diesem vorwiegend theoretischen Kapitel ausführlich darstellen, was wir wissenschaftlich unter Transidentität verstehen. Dies ist insofern wichtig, als mir ein profundes Wissen über Transidentität eine der zentralen Bedingungen zu sein scheint, um ein unvoreingenommenes, offenes Verhältnis zu Transmenschen finden zu können. Dabei ist mir klar, dass allein eine theoretische Auseinandersetzung mit diesem Thema nicht ausreicht. Das Wissen darum, was Transidentität ist, stellt jedoch eine fruchtbare Basis für die Begegnung mit Transmenschen dar und erleichtert Ihnen als Angehöriger, Freund oder Arbeitskollegin den Zugang zu der Ihnen nahestehenden Transperson.

Es gibt wohl keine menschliche Existenzform, die uns mehr irritiert als das Phänomen Transidentität, gehen wir in unserer Gesellschaft doch wie selbstverständlich davon aus, dass die Geschlechterkategorien »Frau« und »Mann« sich eindeutig voneinander trennen lassen und unveränderbar sind. Längst haben wir uns daran gewöhnt, dass es verschiedene sexuelle Orientierungen in Form von Hetero-, Bi- und Homosexualität gibt. Wir kennen aus Travestieshows auch Männer, die sich in tief dekolletierten Kleidern und mit Federboa als Frau präsentieren. Und selbst im Alltag begegnen uns Frauen und Männer, die sich nicht den gängigen Geschlechterrollen entsprechend kleiden und verhalten. Sie alle lassen aber keinen Zweifel daran, dass sie im Einklang mit ihrem biologischen Geschlecht leben.

Etwas völlig anderes hingegen ist es, wenn Ihnen eine Frau entgegentritt, die von sich sagt, sie sei ein Mann, oder ein Mann, der überzeugt ist, eine Frau zu sein. Diese Menschen leugnen keineswegs, dass ihr Körper männlich bzw. weiblich ist. Ihr inneres Bild von sich, ihre Identität, aber entspricht nicht ihrem Körper, sondern dem anderen Geschlecht. Aus diesem Grund sagt die biologische Frau, sie sei ein Mann, und der biologische Mann, er sei eine Frau. Die Diskrepanz zwischen Körper und innerem Bild wird noch dadurch unterstrichen, dass ein solcher Mensch nicht sagt, er *fühle* sich *wie* eine Person des anderen Geschlechts, sondern er *sei* eine Frau bzw. ein Mann. Häufig wird diese schwer zu beschreibende Diskrepanz zwischen Innen und Außen mit den Worten charakterisiert, die betreffende Person sei »im falschen Körper«.

Die Begegnung mit einem solchen Menschen löst, wie bereits in Kapitel 1 erwähnt, im Umfeld im Allgemeinen große Irritationen aus. Sie werden das sicher bei sich selbst erlebt haben, als sich Ihnen gegenüber Ihr Angehöriger oder Ihre Arbeitskollegin erstmals geoutet hat. Plötzlich sollen die Koordinaten »männlich« und »weiblich«, die in unserer Gesellschaft doch als einander ausschließende, absolut gültige Kategorien empfunden werden, nicht mehr gelten? Wenn wir uns nicht einmal mehr auf diese Koordinaten des sozialen Lebens verlassen können, verunsichert uns das zutiefst, und wir verlieren gleichsam den Boden unter den Füßen.

Um dann irgendwie doch noch einen halbwegs sicheren Stand zu finden, greifen wir schnell zu dem Argument, eine solche Person müsse krank sein. Es sei doch nicht normal zu sagen, man gehöre dem anderen Geschlecht an. Auch Sie selbst werden vielleicht schon solche Gedanken gehabt haben, als Sie von der Transidentität Ihres/r Bekannten gehört haben. Dies sind aber nicht nur häufig anzutreffende Argumente von Menschen aus dem sozialen Umfeld von Transidenten, sondern finden sich auch im wissenschaftlichen Bereich, wo »Transsexualität« nach wie vor von etlichen Vertreterinnen und Vertretern der Psycho-Fächer als Geschlechtsidentitäts*störung* bezeichnet wird. Auch diese Einschätzung ist letztlich durch die große Irritation bedingt, die dadurch ausgelöst wird, dass eine biologische Frau von sich sagt, sie sei ein Mann, und ein biologischer Mann, er sei eine Frau.

Transidentität ist zwar keine sehr häufige Variante der Identität, kommt aber auch nicht so selten vor, wie Sie vielleicht vermuten. Die Schätzungen weichen indes erheblich voneinander ab. Meist liegen die angegebenen Zahlen zu tief, weil Hochrechnungen nur auf der Grundlage derjenigen Transidenten vorgenommen werden, die fachliche Hilfe suchen. So berichten van Kesteren und Mitarbeiter von einer Häufigkeit von 1 : 10.000 bei den Transfrauen (»Mann-zu-Frau-Transsexuellen«) und von 1 : 30.000 bei den Transmännern (»Frau-zu-Mann-Transsexuellen«).[3] Aufgrund ihrer jahrzehntelangen Arbeit in der Amsterdamer Gender Clinic berichten Olyslager und Conway über eine Häufigkeit in der Allgemeinbevölkerung von 1 : 4.500 bei Transfrauen und bei Transmännern von 1 : 8.000. Bei einer Neuberechnung der verschiedenen Studien kommen Olyslager und Conway sogar auf Werte von 1 : 1.000 und 1 : 2.000.[4] Diese Angaben der Häufigkeiten zeigen, dass Transidente in unserer Gesellschaft möglicherweise doch eine relativ große Gruppe darstellen.

Vielleicht fragen Sie sich, ob Transidentität ein Phänomen nur unserer Zeit und unserer Kultur ist. Die Antwort lautet eindeutig: »Nein.« Wir kennen verschiedene außereuropäische Kulturen, in denen die Geschlechtergrenzen aufgelöst sind und beispielsweise Männer – dauerhaft oder in bestimmten Phasen ihres Lebens – als Frau leben. Am wohl bekanntesten sind die *Kathoey* Thailands, eine Bezeichnung für »Mann-zu-Frau-Transsexuelle« (auch »Ladyboys« genannt), aber auch für homosexuelle Männer. Sie sind in Thailand auf der einen Seite sichtbarer und akzeptierter als Transmenschen in den westlichen Ländern. Auf der anderen Seite haben sie aber beispielsweise keine juristische Möglichkeit, ihren Personenstand zu ändern, und finden schwer eine beruflichen Tätigkeit, so dass viele im Rotlichtmilieu leben.

Auch die Indianer Nordamerikas kennen ein »drittes Geschlecht«, *Berdachen* genannt. In neuerer Zeit verwendet man den weniger diskriminierenden Begriff der *»two-spirited people«*, das heißt der Menschen, die zwei Seelen, nämlich eine weibliche und eine männliche, in sich tragen.[5] Die *two-spirited people* haben bei den Indianern eine anerkannte soziale Stellung und werden zum Teil hoch verehrt. Ihr *two-spirited* Wesen erklären sich die Indianer durch eine Berufung durch höhere Mächte und schreiben diesen Menschen deshalb auch übernatürliche Kräfte zu. Häufig sind sie Medizinmänner oder Häuptlinge.[6]

Kritisch ist zu solchen transkulturellen Vergleichen und zur Betrachtung verschiedener Epochen allerdings anzumerken, dass wir oft nicht sicher wissen, ob die Menschen, die in anderen Kulturen oder in anderen Epochen lebten, den Menschen entsprechen, die in unserer heutigen westlichen Gesellschaft als »transident« bezeichnet werden. Es ist indes bemerkenswert, dass beispielsweise die *two-spirited people* bei den Indianern Nordamerikas wie gesagt eine klar definierte soziale Rolle haben und große Wertschätzung erfahren. Dies ist ein gravierender Unterschied zu unserer Gesellschaft, in der Transmenschen oft wenig soziale Anerkennung finden und bei ihrem sozialen Umfeld gerade dadurch, dass in unserer Kultur kein »drittes Geschlecht« toleriert wird, eine so große Irritation auslösen.

Wenn von Transidentität die Rede ist, besteht in der Öffentlichkeit, mitunter aber sogar im Fachbereich, zum Teil Unsicherheit, was genau darunter zu verstehen ist. So werden oft *Transidentität* und *Transvestitismus* miteinander verwechselt bzw. als verschiedene Bezeichnungen des gleichen Phänomens verwendet. Dies ist absolut falsch, auch wenn wir mitunter fließende Übergänge zwischen Transvestitismus und Transidentität finden können.

Beim Transvestitismus geht es darum, dass der betreffende Mensch die Kleidung des Gegengeschlechts trägt und dies für ihn eine große Attraktivität besitzt. Der transvestitische Mann zweifelt jedoch nicht an seiner männlichen Identität und die transvestitische Frau hat nicht die Vorstellung, ein Mann zu sein. Transvestiten genießen zwar die Zeit, in der sie in der Kleidung des anderen Geschlechts auftreten können, da dies ihnen einen spielerischen Umgang mit den Geschlechterrollen ermöglicht und auch ein Stück weit eine Provokation und Infragestellung der traditionellen Geschlechterrollen darstellt. Der Wechsel zurück in die ihrem biologischen Geschlecht entsprechende Rolle fällt ihnen aber nicht schwer, sondern stellt die Alltagssituation dar, die ihrer Identität entspricht. Ganz anders hingegen ist es für Transfrauen und Transmänner: Das Tragen der Kleidung des anderen Geschlechts ist nicht lediglich eine »angenehme«, für sie attraktive Abwechslung, sondern ihm liegt ein starkes inneres Bedürfnis zu Grunde, und es besteht der dringende Wunsch, auch den Körper dem Gegengeschlecht angleichen zu lassen.

Dies ist verständlich, geht es bei Transmenschen doch um den Kern ihrer Persönlichkeit, um ihre Identität. Während das Tragen der Kleidung des anderen Geschlechts für Transvestiten in der Regel eine »spielerische« Qualität hat und sie den Wechsel von Frau zu Mann und umgekehrt als angenehmes »Schlüpfen in die andere Rolle« empfinden, charakterisieren Transmenschen diese Situation typischerweise mit den Worten: »Jetzt stimmt endlich innen und außen überein.« Ihnen fällt deshalb im Verlauf ihrer Entwicklung der Wechsel zurück in die Rolle des biologischen Geschlechts zunehmend schwer, und sie empfinden die ihrem biologischen Geschlecht entsprechende Kleidung letztlich als »Verkleidung«.

Ihnen als Leserinnen und Lesern, die vielleicht noch wenig vertraut sind mit dem Leben und Erleben von Transmenschen, mag dies eigenartig erscheinen. Im Grunde ist es jedoch völlig verständlich, da das biologische Geschlecht von Transmenschen nicht ihrer Identität entspricht. Aus diesem Grund »stimmt« die männliche Kleidung für die Transfrau nicht, wie umgekehrt die weibliche Kleidung im Widerspruch zur Identität des Transmannes steht. Es ist für Transmenschen so, als wenn wir Nicht-Transmenschen (in der Fachliteratur wird dafür, wie schon erwähnt, der Begriff »Cis-Menschen« verwendet) in der Kleidung des anderen Geschlechts leben müssten. Wir würden diese Situation auch als uns unangenehme, auf die Dauer unerträgliche »Verkleidung« empfinden und, wo immer möglich, die unserer Identität entsprechende Kleidung tragen wollen.

Ein weiterer Begriff, der in der Diskussion über Transmenschen immer wieder auftaucht, ist »Transgender«. Dies ist ein Oberbegriff, mit dem alle diejenigen Menschen bezeichnet werden, die mit der Zuweisung ihrer sozialen Rolle aufgrund ihres biologischen Geschlechts nicht einverstanden sind. Dazu gehören Transmenschen, Transvestiten, aber auch andere Menschen, die – zeitweilig oder dauerhaft – nicht in den von unserer Gesellschaft definierten Geschlechterrollen leben.

Im Verlauf der bisherigen Ausführungen habe ich bereits etliche Merkmale erwähnt, die Transmenschen auszeichnen. Im Folgenden möchte ich noch einmal die wichtigsten Aspekte nennen und kommentieren. Dabei ist jedoch zu berücksichtigen, dass es nicht die »typische« Transfrau oder den »typischen« Transmann gibt. So interessant die von einigen Transmenschen verfassten Autobiographien und die Berichterstattungen in Radio, Fernsehen und Zeitungen auch sein mögen und zum Abbau von Vorurteilen beitragen, so problematisch sind sie aber auch, weil dadurch leicht der Eindruck entsteht: »So sind Transmenschen.« Transmenschen sind jedoch in ihren Persönlichkeiten und ihren Lebensschicksalen so unterschiedlich wie andere Menschen auch. Es ist deshalb auch nicht möglich, eine für Transmenschen »typische« Entwicklung zu skizzieren. Alle von mir in diesem Buch geschilderten Lebensschicksale stellen daher ganz *individuelle* Situationen dar und lassen sich nicht verallgemeinern.

Es ist wichtig, sich der *Vielfältigkeit* der Persönlichkeiten und Lebensumstände von Transmenschen bewusst zu sein, um nicht in den Fehler zu verfallen, eine bei einer Transfrau oder einem Transmann geschilderte Persönlichkeit oder Lebenssituation als »typisch« für die ganze Gruppe der Transmenschen zu betrachten. Die einzige, wenn auch zentrale Gemeinsamkeit der Transmenschen ist die Tatsache, dass sie in ihrer Identität dem anderen Geschlecht entsprechen.

Nach meiner über 40-jährigen Erfahrung mit Transmenschen hat Transidentität nichts mit psychischer Gesundheit oder Krankheit zu tun, sondern umfasst, wie bei allen anderen Menschen, das ganze Spektrum von Gesundheit bis Krankheit. Diese Auffassung setzt sich erst langsam in Fachkreisen durch. Sie müssen deshalb als Angehörige oder Freund eines Transmenschen damit rechnen, dass sich etwa der Hausarzt oder die Mitarbeiterin einer Familienberatungsstelle dahingehend äußert, bei der Transidentität handle es sich um eine Krankheit. Diese frühere, von der Pathologie geprägte Sicht beruhte zum einen auf einem *Vorurteil* Transmenschen gegenüber, vor allem hervorgerufen durch die geschilderte Irritation, die auch bei Fachleuten ausgelöst wurde. Zum anderen ist die Auffassung, Transidentität sei eine »Störung der Geschlechtsidentität«, dadurch entstanden, dass bei der geringen Akzeptanz, die in der Vergangenheit gegenüber Transmenschen bestanden hat, nur wenige und zum Teil erheblich traumatisierte Transfrauen und Transmänner den Schritt in die Öffentlichkeit gewagt haben und sie vielfach sozial ins Abseits gedrängt worden sind.

Zudem gab es früher kaum Fachleute, die Erfahrungen mit Transmenschen hatten. Heute befinden wir uns in einer weitgehend anderen

Situation: Es gibt Zentren und einzelne erfahrene Fachleute für die Begleitung und Behandlung (hormonelle und chirurgische Angleichung an das andere Geschlecht) von Transmenschen, und insgesamt sind Transfrauen und Transmänner sichtbarer in der Gesellschaft geworden. Dadurch haben wir einen differenzierteren Blick gewonnen, und die Erfahrung mit den unterschiedlichsten Persönlichkeiten und Lebensumständen von Transmenschen hat uns gelehrt, dass es unter ihnen, wie sonst in der Bevölkerung, Gesunde wie Kranke, intellektuell Hoch- wie wenig Begabte und Angehörige aller sozialer Schichten und der verschiedensten beruflichen Gruppierungen gibt (einen Überblick über die psychische Gesundheit und die emotionale Befindlichkeit von Transmenschen liefert die schottische Studie *Trans Mental Health and Emotional Wellbeing*[7]).

Bei der Behandlung der Frage, was trotz aller Unterschiedlichkeit Transmenschen auszeichnet, möchte ich auf die folgenden Merkmale eingehen:

- die Überzeugung, nicht dem biologischen, sondern dem anderen Geschlecht anzugehören (»Trans«-Identität),
- der Wunsch, in der Rolle des anderen Geschlechts zu leben und unter Umständen den Körper so weit wie möglich dem anderen Geschlecht anzugleichen,
- der Wunsch nach Personenstandsänderung, d. h. die »offizielle« Anerkennung der Transfrau als Frau und des Transmannes als Mann.

Auf den ersten Aspekt, die Überzeugung, dem anderen Geschlecht anzugehören, habe ich bereits mehrfach hingewiesen. Um es noch einmal zu wiederholen: Die Transfrau *fühlt* sich nicht *wie* eine Frau, sondern *ist* in ihrer Identität Frau, unabhängig davon, dass sie einen männlichen Körper hat. Ebenso *ist* der Transmann ein Mann und fühlt sich nicht nur so.

Wie Annette Güldenring, Psychiaterin und selbst Transfrau, anschaulich dargestellt hat,[8] ist diese Überzeugung für das Kind zunächst nicht konflikthaft. Erst durch die Forderung der Umgebung, dass das biologisch männliche Kind sich auch als männlich definiert und sich entsprechend den Normen verhält, die in unserer Gesellschaft für Männer bzw. Jungen gelten, nimmt ein solches Kind seine

Transidentität wahr und beginnt schließlich, unter dem Zwiespalt zwischen seiner Selbstwahrnehmung und den sozialen Forderungen zu leiden.

Dies ist der Beginn einer intensiven und oft schwierigen Auseinandersetzung damit, »trans« zu sein und damit fundamental von den gesellschaftlichen Erwartungen abzuweichen. Es ist eine wesentlich stärkere Abweichung als beispielsweise die Homo- oder Bisexualität. Lesben mögen in ihren sozialen Rollen bisweilen von »typischen« Frauenrollen abweichen, und Schwule zeigen mitunter ein Verhalten, das nicht den traditionellen Männerrollen entspricht. Eine Lesbe hegt jedoch keinen Zweifel an ihrer Weiblichkeit, und ein Schwuler definiert sich in seiner Identität eindeutig als Mann.[9] Anders ist es hingegen bei Transmenschen, bei denen die biologische Frau eine männliche Identität und der biologische Mann eine weibliche Identität hat.

Die Auseinandersetzung mit dem »Transsein« betrifft zwei Aspekte. Es ist zum einen die *Wahrnehmung* und die *Akzeptanz*, dass der Körper nicht der Identität entspricht. Daraus folgt zum anderen, dass die Transmenschen ein ihrer *Identität entsprechendes Leben führen* möchten. Dies bedeutet, dass die Transfrau in der Gesellschaft als Frau wahrgenommen und respektiert werden möchte bzw. der Transmann als Mann leben und anerkannt werden möchte. Wir bezeichnen diesen Prozess der zunehmenden Selbstakzeptanz und des Hinaustretens in die Gesellschaft als *Coming-out*.

Auch homo- und bisexuelle Menschen durchlaufen einen Coming-out-Prozess. Sie können die Mitteilung über ihre sexuelle Orientierung aber »dosiert« vornehmen, indem sie sich zunächst nur einigen ihnen besonders nahestehenden Personen gegenüber äußern. Transmenschen hingegen haben diese Möglichkeit eines schrittweisen Coming-out nicht. Da unsere Gesellschaft nur zwei einander ausschließende Geschlechterkategorien, Mann oder Frau, kennt, müssen Transmenschen den Wechsel in die Rolle des anderen Geschlechts in einem einzigen Schritt tun und werden, sobald sie in der anderen Rolle auftreten (zweite Phase des Coming-out), sofort als »Trans« erkannt. Insofern braucht das Coming-out als Transmann oder Transfrau großen Mut und eine große innere Stärke.

Eine besondere Bedeutung erhält das Coming-out im sogenannten »Alltagstest«. Viele Zentren zur Behandlung von Transmenschen fordern von den von ihnen Behandelten, dass sie mit dem Beginn der hormonellen Behandlung den totalen Rollenwechsel vornehmen, das heißt 24 Stunden am Tag in der angestrebten Rolle leben. Dies setzt voraus, dass Familienangehörige, Freundinnen und Freunde, aber auch Kolleginnen, Kollegen und Vorgesetzte am Arbeitsplatz über die Transidentität informiert sind und das Leben der Transperson in der neuen Rolle akzeptieren.

Einerseits ist die Erfahrung, die Transmenschen im Rahmen dieses Alltagstests machen können, wichtig, erleben sie dabei doch, wie sie sich selbst in der angestrebten Rolle fühlen und wie die Menschen ihrer Umgebung auf sie reagieren. Andererseits aber kann ein totaler Rollenwechsel in bestimmten Berufen ein großes Risiko sein. Aus diesem Grund erscheint mir die strikte Forderung nach einem Alltagstest in dem Moment, in dem die hormonelle Behandlung beginnt, keineswegs unproblematisch. Wie es die Verfasserinnen und Verfasser der WPATH (World Professional Association for Transgender Health) fordern, sollte es meines Erachtens Transmenschen freigestellt werden, ob und wann sie einen Alltagstest machen. Das Pro und Kontra kann beispielsweise in einer begleitenden Psychotherapie diskutiert werden.

Neben dem Coming-out betrifft die zweite Gemeinsamkeit vieler, wenn auch längst nicht aller Transmenschen den Wunsch, den *Körper an den des anderen Geschlechts angleichen* zu lassen. Dies bedeutet für die Transfrau die Behandlung mit Antiandrogenen und Östrogenen sowie die operative Angleichung an das weibliche Geschlecht. Die Östrogenbehandlung führt zur Verweiblichung des Körpers (vor allem Brustwachstum und Veränderung der Fettverteilung), und durch die Operation wird eine Neovagina mit Schamlippen geformt.

Beim Transmann besteht die Behandlung in der Applikation von Testosteron und der operativen Angleichung an das männliche Geschlecht (Entfernung der Brüste, der Gebärmutter und der Eierstöcke sowie eventuell Erstellung einer Phalloplastik). Während die Behandlung mit gegengeschlechtlichen Hormonen bei Transfrauen keinen Einfluss auf die Stimme hat, führt die Gabe von Testosteron bei Transmännern zum – irreversiblen – Stimmbruch, zum Bartwachstum und zu verstärktem Muskelaufbau (ein Überblick über den aktuellen Stand der endokrinologischen Behandlung von Transmenschen findet sich in der Studie von Hembree und Mitarbeiter/innen[10]).

Diese am Körper vorgenommenen Veränderungen sind für Transmenschen zwar sehr wichtig. Sie betreffen letztlich aber nur den ganz persönlichen Bereich, nämlich die Wahrnehmung des eigenen Körpers und die Beziehung zu Liebespartnerinnen und -partnern. Die das Leben von Transmenschen am stärksten beeinflussende Veränderung hingegen ist die des sozialen Rollenwechsels von Mann zu Frau bzw. Frau zu Mann.

Der medizinische Diagnosekatalog ICD-10-GM 2012, der die »Transsexualität«, wie sie dort genannt wird, bisher immer noch als Störung der Geschlechtsidentität bezeichnet, betrachtet den Wunsch nach hormoneller und chirurgischer Angleichung an das Gegengeschlecht als einen grundlegenden Baustein in der Diagnose der »Transsexualität«. Ein anderer international gebräuchlicher Diagnosekatalog, das DSM-IV-TR, hingegen verwendet den Begriff »Transsexualität« nicht, sondern spricht von einer »Geschlechtsidentitätsstörung« (aber auch hier unter den psychischen Störungen subsumiert). Der Wunsch nach hormoneller und chirurgischer Angleichung an das Gegengeschlecht ist nach dem DSM nicht nötig, um die Diagnose der »Geschlechtsidentitätsstörung« zu stellen.

Den letzten Schritt in diesem Prozess des Rollenwechsels und der körperlichen Angleichung an das Gegengeschlecht stellt die *Personenstandsänderung* dar. Dies bedeutet, dass die Transfrau offiziell, in allen Dokumenten, nicht mehr als Mann, sondern als Frau, und der Transmann nicht mehr als Frau, sondern als Mann, geführt wird. Im Allgemeinen lassen die Betreffenden dann auch alle wichtigen Zeugnisse und Bescheinigungen auf das »neue« Geschlecht hin ändern, so dass in der Öffentlichkeit und bei Bewerbungen für Arbeitsstellen das »alte« Geschlecht nicht mehr auftaucht.

Manche Transmenschen distanzieren sich in dieser letzten Phase des Veränderungsprozesses auch von dem Begriff »trans« und bezeichnen sich einfach als »Frau« bzw. »Mann«. Dies erscheint mir als ein durchaus berechtigter Schritt, da »trans« die Diskrepanz zwischen dem Körper und dem inneren Bild bezeichnet, und diese mit der körperlichen Angleichung und dem Rollenwechsel nun ja beseitigt ist. Anderen Transmenschen hingegen ist die Bezeichnung »Transfrau« bzw. »Transmann« wichtig, da sie das »Transsein« als einen ihre Identität konstituierenden Faktor empfinden.

Die hier beschriebenen Schritte des sozialen Rollenwechsels, der körperlichen Angleichung an das andere Geschlecht und der Personenstandsänderung stellen indes nur *eine* Möglichkeit dar. Die Realität ist wesentlich vielfältiger. So gibt es Transfrauen, die lediglich eine hormonelle Behandlung und unter Umständen einen Brustaufbau wünschen, aber keine weitere operative Angleichung im Genitalbereich anstreben. Andere wollen zwar die totale körperliche Angleichung, leben aber – zumindest zeitweilig – weiter in der Rolle ihres biologischen Geschlechts und sind mitunter auch nicht an einer Personenstandsänderung interessiert. Manche Transmänner sind zufrieden, wenn die Brüste, die Eierstöcke und der Uterus entfernt sind, und verzichten auf die oft schwierigen und nicht immer sehr erfolgreichen Operationen zur Erstellung einer Phalloplastik.

Möglicherweise irritieren diese Ausführungen Sie als Leserinnen und Leser, da Sie bisher davon ausgegangen sind, dass Transmenschen immer den ganzen Prozess der Angleichung an das andere Geschlecht anstreben. Aber auch in dieser Hinsicht besteht eine wesentlich vielfältigere Situation, als man gemeinhin annimmt. Auch unter Fachleuten, die Transmenschen behandeln, bestehen bezüglich eines solchen Vorgehens, das nicht den ganzen Prozess der Angleichung an das Gegengeschlecht durchläuft, kontroverse Ansichten. Schnell wird dann in solchen Diskussionen argumentiert, wenn ein Mensch nicht alle Schritte der Angleichung tun wolle und nicht konsequent in der neuen Rolle zu leben beabsichtige, handle es sich gar nicht um das Phänomen Transidentität. Fachleute mit einer solchen Haltung lehnen deshalb häufig die Behandlung der betreffenden Ratsuchenden ab.

Ich selbst bin hingegen der Ansicht, dass wir uns als Fachleute der verschiedenen Disziplinen allen Transmenschen zur Verfügung stellen und sie bei den Schritten, die sie tun möchten, begleiten sollten. Nach meinen Erfahrungen aus der Begleitung von Menschen, die völlig verschiedene Wege gewählt haben, führt eine größere Akzeptanz der *individuellen Lösungen* des Erlebens, »trans« zu sein, zu einer größeren Zufriedenheit der Betreffenden, da sie nicht zu Schritten gedrängt werden, die ihnen – noch? – nicht entsprechen. Insofern stimme ich den Verfasserinnen und Verfassern der WPATH (World Professional Association for Transgender Health) und den Altdorfer Empfehlungen[11] zu, dass *Transmenschen selbst bestimmen* sollen, welche Schritte sie in welcher Zeit tun wollen. Dies betrifft sämtliche Aspekte ihrer Transition, nämlich den Rollenwechsel und die verschiedenen körperlichen Behandlungen ebenso wie die Personenstandsänderung. Einen wichtigen Schritt in diese Richtung stellt der Entscheid des deutschen Bundesgerichts im Jahr 2011 dar, der es Menschen zugesteht, ihren Personenstand zu ändern, ohne dass sie sich irgendeiner körperlichen Behandlung unterziehen müssen. Entsprechende Gerichtsentscheide finden sich auch in Österreich und in der Schweiz.

Allerdings bedarf es zu einer solchen Personenstandsänderung in Deutschland immer noch zweier psychiatrisch-psychologischer Gutachten, und auch in Österreich und in der Schweiz muss die »Diagnose Transidentität« gutachterlich bestätigt werden. Es erscheint mir sinnvoll, dass die Personenstandsänderung in Zukunft ohne eine medizinische Begutachtung möglich wird. Damit wäre die Entpathologisierung der Transidentität noch konsequenter durchgeführt, und Transmenschen hätten die Möglichkeit, auf Antrag hin selbstverantwortlich den Wechsel zum anderen Geschlecht vorzunehmen.

Die Rolle der Fachleute bestünde in diesem Fall darin, Transfrauen und Transmänner in Form einer *Beratung* und eines *Coaching* beim Prozess der sozialen und körperlichen Transition zu begleiten. Sie würden den Transmenschen ihr Know-how zur Verfügung stellen, und diese könnten es nutzen, soweit sie es gebrauchen können. Ich selbst betrachte meine Rolle als psychotherapeutischer Begleiter in diesem Sinne und habe mit diesem Vorgehen die Erfahrung gemacht, dass dadurch die Eigeninitiative der Transfrauen und Transmänner unterstützt und ihr Selbstwertgefühl gestärkt wird.[12] Es sind gerade diese Persönlichkeitsaspekte, die für den Prozess der Transition und der Auseinandersetzung mit einer nicht immer positiv und akzeptierend reagierenden Umwelt besonders wichtig sind.

Das Coaching von Transmenschen beschränkt sich indes nicht nur auf die psychologisch-medizinische Dimension. Bei Transfrauen spielt etwa die Stimm- und Sprachtherapie eine wichtige Rolle, damit die tiefe männliche Stimme einen anderen, eher weiblichen Klang bekommt. Außerdem ist es für viele Transfrauen hilfreich, sich privat oder professionell hinsichtlich des Schminkens und bei der Wahl der ihnen entsprechenden Kleidung beraten zu lassen.

Bei Transmännern sind Stimmtherapien nicht nötig, da es durch die hormonelle Behandlung mit Testosteron zu einem Stimmbruch kommt, wie ihn biologisch männliche Jugendliche in der Pubertät durchmachen, und dadurch die Stimme in tiefere Register »rutscht«. Durch die Hormonbehandlung wird ferner der Bartwuchs angeregt, und es kommt zu einer Vermännlichung des Gesichts, so dass auch diesbezüglich keine weiteren Maßnahmen nötig sind.

Es sei noch auf eine spezielle Situation hingewiesen, die Sie als Leserin oder Leser dieses Ratgebers vermutlich sehr irritieren wird, wie weiter oben schon kurz angedeutet: Es ist die Tatsache, dass etliche Transmenschen, und zwar im Verhältnis zur Gesamtbevölkerung ein überproportional hoher Anteil, in der neuen Rolle eine *gleichgeschlechtliche Partnerwahl* trifft. Das heißt: Ein biologischer Mann teilt uns mit, er sei lesbisch, und eine biologische Frau, sie sei schwul. Wie diese bei Transmenschen keineswegs seltene Situation zeigt, ist es ein Irrtum anzunehmen, Transfrauen und Transmänner würden in der neuen Rolle immer heterosexuelle Partnerinnen bzw. Partner wählen. Die Tatsache, dass dies nicht der Fall ist, widerlegt auch die mitunter, selbst in der Fachliteratur, geäußerte Meinung, bei Transmenschen gehe es um eine von ihnen selbst abgelehnte Homosexualität.

Ebenso irrig und dem Erleben von Transmenschen total widersprechend ist die Vorstellung, dass sie, wenn sie nach der körperlichen Angleichung an das andere Geschlecht in einer gleichgeschlechtlichen Partnerschaft leben, doch in der alten Rolle hätten bleiben und in einer heterosexuellen Beziehung leben können. Transmenschen, die vor der Transition in einer heterosexuellen Beziehung gelebt haben, berichten übereinstimmend, dass sie sich auch dort als gleichgeschlechtlich orientiert erlebt haben und dies für sie oft schwierig war, weil ihre Partnerinnen bzw. ihre Partner heterosexuell waren. Auf diese Fragen werde ich in anderen Kapiteln dieses Ratgebers noch ausführlicher eingehen.

Als noch wenig mit der Situation von Transmenschen vertraute Leserin oder Leser mögen Sie sich gefragt haben, wann ein solcher Mensch seine von anderen Menschen abweichende Identität wahrnimmt. Viele erwachsene Transfrauen und Transmänner berichten, dass sie schon in der Kindheit gespürt haben, dass ihr männlicher bzw. weiblicher Körper »irgendwie« nicht zu ihnen passte. Dies wurde auch im Beispiel von Martin Zöllner in Kapitel 1 deutlich. Wie Annette Güldenring es in ihrem Konzept zur Entwicklung Transidenter anschaulich beschreibt,[13] ist für die Kinder diese Wahrnehmung aber so lange kein Problem, als ihnen noch nicht klar ist, dass sie eine von der Mehrzahl der anderen Menschen abweichende Identität haben, indem sie nämlich »trans« sind.

Die meisten Transmenschen suchen zwischen dem *30. und dem 40. Lebensjahr* Fachleute auf, um den Weg der hormonellen und chirurgischen Angleichung an das Gegengeschlecht zu gehen. Wie in Annette Güldenrings Modell dargestellt, sind sie sich meist bereits früher klar über ihre Transidentität. Es dauert jedoch im Allgemeinen etliche Zeit, bis sie sich dann gegenüber anderen Menschen darüber zu äußern wagen. Vielleicht sind Sie eine der Personen, denen sich eine Transfrau oder ein Transmann als erste anvertraut.

Mitunter kommt es jedoch erst im *höheren Lebensalter* zu einem Coming-out. So habe ich einige Transfrauen begleitet, die sich erst im Alter von 60 Jahren darüber klar wurden, dass es bei ihnen um Transidentität ging, und die sich trotz ihres Alters zu einer hormonellen und chirurgischen Angleichung an das weibliche Geschlecht entschlossen haben. Eine so spät sichtbar werdende Transidentität sagt indes nichts über die Ernsthaftigkeit und Dringlichkeit ihres Wunsches nach einer körperlichen Angleichung an das andere Geschlecht und dem Leben in der anderen Rolle aus.

Diese älteren Personen waren Menschen, in deren Jugend und Erwachsenenalter das Konzept »Transidentität« gar nicht existierte. Sie hatten zwar schon früher im Leben in Bezug auf ihr biologisches Geschlecht, zumindest vage, ein Unbehagen gespürt, sich damit aber mehr oder weniger arrangiert und ihr Leiden daran als ihr »Schicksal« akzeptiert. Erst im Laufe der Jahre war ihnen durch Berichte von Transfrauen und Transmännern in den Medien und/oder über Internetforen von Transmenschen klar geworden, dass es bei ihnen um Transidentität ging, und sie hatten den Mut aufgebracht, sich an Fachleute zu wenden und sich dann auch im privaten Bereich zu outen. Der »Verheimlichungsstress«, unter dem sie Jahre und Jahrzehnte gelebt haben, stellt für sie eine erhebliche Belastung dar. Nicht selten sind suizidale Tendenzen und Depressionen die Folge dieser Situation.

In den letzten Jahren sind wir indes vermehrt mit einer anderen Gruppe von Transmenschen konfrontiert, nämlich mit *Kindern*. Sie stammen in der Regel aus Familien, die dem »Anderssein« offen und tolerant gegenüberstehen. Aus diesem Grund wagen es diese Kinder schon im Alter von fünf, sechs oder sieben Jahren, ihren Eltern mitzuteilen, dass sie sich nicht im Einklang mit ihrem biologischen Geschlecht befinden, sondern dem anderen Geschlecht angehören. Vielleicht sehen Sie sich als Eltern eines Transkindes ja mit einer solchen Situation konfrontiert.

Auf der einen Seite ist dies eine günstige Situation, ermöglicht sie es den betreffenden Kindern doch, schon früh in die gewünschte Rolle hineinzuwachsen. Auf der anderen Seite ergeben sich bei Kindern aber auch spezielle Probleme, etwa bei der Frage, ob bereits vor der Pubertät gegengeschlechtliche Hormone oder zumindest pubertätsblockierende Medikamente gegeben werden sollen. Außerdem stellt sich die Frage, wie das Leben eines solchen Kindes in der Schule gestaltet werden soll, z. B. ob es mit Mädchen oder Jungen zusammen Sport machen und duschen soll, ob bei körperlichen Tätigkeiten männliche oder weibliche Maßstäbe zu setzen sind und wie die Sozialisation in der Rolle des anderen Geschlechts im Kreis der Kameradinnen und Kameraden gehandhabt werden kann. Auf diese Fragen werde ich im Kapitel 7 noch ausführlich eingehen.

Eine nochmals andere Gruppe von Transmenschen sind Frauen und Männer, die *in einer Ehe leben und Kinder haben*. Aufgrund dieser Konstellation geht es bei ihnen ja nicht nur um das zweiphasige individuelle Coming-out (gewahr werden und akzeptieren der eigenen Transidentität und sich damit outen, d. h. als Transfrau bzw. Transmann sichtbar werden), sondern von diesem Prozess ist ein ganzes Familiensystem betroffen. Die Ehefrau einer Transfrau ist bei der Heirat davon ausgegangen, die Beziehung mit einem (heterosexuellen) Mann zu führen, und muss nun erkennen, dass ihr Ehemann eine Frau ist und in Zukunft in der weiblichen Rolle leben und den biologischen männlichen Körper an den weiblichen angleichen lassen möchte. Dementsprechend steht der Ehemann eines Transmanns mehr oder weniger unvermittelt vor der Tatsache, dass seine Frau ein Mann ist und als solcher leben und akzeptiert werden möchte.

Diese an sich schon schwierige Situation wird nochmals komplizierter, wenn die Familie Kinder hat. Dieser Formulierung dürfen Sie indes nicht entnehmen, die Transidentität eines Elternteils stelle eine für die Ehegatten und Kinder extrem belastende, gar zu psychischen Störungen der Angehörigen führende Situation dar. Meine eigenen Erfahrungen mit solchen Familien stehen in Übereinstimmung mit den Befunden verschiedener internationaler Studien an Kindern von Transmenschen: Sie entwickeln sich in der Regel so wie andere Kinder auch und sind im Hinblick auf ihre sozialen Kompetenzen und die Sensibilität für weibliche und männliche Rollen sogar differenzierter als Gleichaltrige.

In dieser Hinsicht gleichen sie den Kindern, die in Eineltern-Familien[14] und in Regenbogenfamilien (gleichgeschlechtliche Paare mit Kindern)[15] aufwachsen. Das Gemeinsame dieser Familienformen liegt darin, dass die Eltern dieser Kinder sich der speziellen, von traditionellen Familien abweichenden Situation bewusst sind und ihre Kinder dementsprechend sorgfältig auf das vorbereiten, was sie innerhalb der Familie erleben und wie sie damit in der Öffentlichkeit am besten umgehen. Auf Einzelheiten werde ich in den Kapiteln 10 und 11 eingehen.

Es mag sein, dass Sie nach der Fülle von Informationen, die ich Ihnen im vorliegenden Kapitel präsentiert habe, den dringenden Wunsch verspüren, dass ich das bisher Gesagte ausführlich an der kompletten Lebensgeschichte eines konkreten Transmenschen veranschauliche. Dies ist leider nicht möglich, da es, wie erwähnt, die typische Transfrau oder den typischen Transmann nicht gibt. Die ausführliche Schilderung des Lebens eines Transmenschen von seiner Geburt bis zum Tod würde die Gefahr in sich bergen, diese Person als Prototyp einer Transfrau oder eines Transmanns zu betrachten und deren Entwicklung und Lebensweise zu verallgemeinern. Wie ich am Beginn dieses Kapitels bereits gesagt habe, sind Transmenschen aber so unterschiedlich wie andere auch, und aus der einzigen Gemeinsamkeit, die sie verbindet, nämlich »trans« zu sein, lässt sich kein einheitlicher Persönlichkeitstyp herleiten.

Außerdem finden wir bei Transmenschen die verschiedensten Lebensläufe und Lebensentwürfe, so dass es auch in dieser Hinsicht ein fataler Fehler wäre, aus der Schilderung einer bestimmten Person den Schluss zu ziehen, ihr Schicksal sei »typisch« für Transmenschen. Derartige unzulässige Verallgemeinerungen finden sich mitunter selbst in der Fachliteratur, haben sich aber bei Kenntnis einer großen Zahl von Transmenschen als unzutreffend erwiesen. Auch aus diesem Grund möchte ich hier und auch in den folgenden Kapiteln keinen konkreten Transmenschen ausführlich beschreiben. Ich werde bei den verschiedenen zu behandelnden Themen lediglich einige der wichtigsten Facetten im Leben von Transfrauen und Transmännern beispielhaft darstellen.

Auf den Punkt gebracht

- Transmenschen sind der Überzeugung, dem anderen Geschlecht anzugehören. Viele streben durch hormonelle Behandlung und chirurgische Maßnahmen eine körperliche Angleichung an das andere Geschlecht und ein Leben in der gewünschten Geschlechterrolle an.
- Den »typischen« Transmenschen gibt es nicht. Die Persönlichkeiten und Lebensgeschichten von Transmenschen sind so unterschiedlich wie die anderer Menschen auch.
- Die in der Fachliteratur berichteten Häufigkeitsschätzungen differieren stark. Sie reichen von 1 : 10.000 (Transfrauen) und 1 : 30.000 (Transmänner) bis zu 1 : 1.000 (Transfrauen) und 1 : 2.000 (Transmänner).
- Nicht nur Erwachsene werden sich ihrer Transidentität bewusst und durchlaufen einen Coming-out-Prozess, sondern vermehrt teilen auch Kinder und Jugendliche ihren Eltern mit, dass sie »trans« sind.

- Transidentität hat nichts mit psychischer Erkrankung zu tun, sondern umfasst, wie bei allen Menschen, das ganze Spektrum von Gesundheit bis Krankheit.
- Ein wichtiger Schritt in der Entpathologisierung und dem Zugeständnis von Selbstverantwortung ist mit dem Bundesgerichtsurteil in Deutschland getan worden, das Transmenschen ermöglicht, ohne irgendwelche körperlichen Behandlungen den Personenstand zu ändern. Entsprechende Urteile liegen aus Österreich und aus der Schweiz vor. Dazu sind aber immer noch Begutachtungen notwendig. Es ist wünschenswert, dass die Personenstandsänderung in Zukunft auch ohne Begutachtung erfolgen kann und Transmenschen damit selbst darüber entscheiden können, wie sie leben wollen.
- Transidentität ist kein Phänomen, das sich nur in unserer Kultur und unserer Epoche findet. In Asien und bei den Indianern Nordamerikas gab bzw. gibt es Menschen, zum Teil mit hohem sozialem Status, die in der Rolle des anderen Geschlechts leben.
- Transidentität ist zu unterscheiden von Transvestitismus. Transvestiten empfinden das Schlüpfen in die Rolle des anderen Geschlechts als lustvoll. Sie streben jedoch, im Gegensatz zu Transmenschen, keine Änderung ihres Körpers an.
- Transidentität sagt nichts über die sexuelle Orientierung aus. Unter Transmenschen gibt es hetero-, bi- und homosexuelle Ausrichtungen. Es findet sich bei ihnen eine gegenüber der Gesamtbevölkerung erhöhte Zahl von Personen, die in der angestrebten Rolle eine gleichgeschlechtliche Partnerschaft führen.
- Transmenschen durchlaufen einen Coming-out-Prozess, in dessen erster Phase sie ihre Transidentität wahrnehmen und akzeptieren und in dessen zweiter Phase sie gegenüber ihrer Umgebung als Transmenschen in Erscheinung treten.
- Die Transition im sozialen Bereich und in körperlicher Hinsicht wird sinnvollerweise psychologisch begleitet. Dies ist keine Therapie im herkömmlichen Sinn, in der am Abbau von Krankheitssymptomen gearbeitet wird, sondern es ist eine Art von Coaching für den Rollenwechsel und die sich beim Coming-out ergebenden Probleme.
- Auch Sie als Familienmitglied, Freund oder Freundin von Transmenschen durchlaufen einen ähnlichen Coming-out-Prozess, indem Sie

die Transidentität der Ihnen nahestehenden Person akzeptieren und sich dann gegenüber Ihrer Umgebung als Angehörige oder Freund einer Transperson zu erkennen geben.

- In Familien mit einem Transelternteil gilt es zum einen für den nicht-transidenten Teil, sich mit der Tatsache der Transidentität auseinanderzusetzen. Zum anderen stellt sich die Frage, wie die Eltern ihren Kindern die Transidentität der Mutter oder des Vaters erklären. Die Kinder aus solchen Familien zeigen in ihrer Persönlichkeit keine Auffälligkeiten. Sie entwickeln sich wie andere Kinder auch.

3. Wie sollen wir ihm/ihr begegnen?

Die bereits erwähnte Irritation, die Transmenschen in ihrem Umfeld auslösen, führt in vielen Situationen des privaten und öffentlichen Lebens immer wieder zu der Frage, wie Angehörige, Arbeitskolleginnen und -kollegen und, im Fall von Transkindern, andere Kinder sowie die Lehrerinnen und Lehrer mit ihnen umgehen sollen. Im Grunde ist die Antwort einfach: Fragen Sie die Transfrau oder den Transmann selbst, wann immer Sie unsicher sind. Im Allgemeinen sind Transmenschen selbst viel weniger befangen, als Sie vielleicht annehmen, und fühlen sich durch Ihre Fragen nicht belästigt. Sie werden es vielmehr schätzen, dass Sie zu Ihrer Unsicherheit stehen und offen sagen, was Ihnen im Umgang miteinander Mühe macht.

Eine beide Teile irritierende Situation kann sich ergeben, wenn Sie Ihren Sohn oder Ihren Arbeitskollegen *zum ersten Mal als Frau treffen.* Gerade zu Beginn des Crossdressing (d. h. des Tragens der Kleidung des anderen Geschlechts) ist die Kleidung vielleicht noch nicht so vorteilhaft gewählt und die Schminktechnik noch nicht so fortgeschritten, dass Sie bewundernd feststellen müssten, das Passing (d. h. die Einpassung in die neue, in diesem Fall die weibliche Rolle) sei perfekt. Die Transfrau hat in dieser Phase zumeist noch nicht die Sicherheit im Auftreten als Frau und bewegt sich noch nicht wie selbstverständlich in dieser Rolle. Und Sie haben noch stark ihr männliches Bild vor Augen und sind noch nicht daran gewöhnt, Ihren Sohn oder Ihren Arbeitskollegen als Frau zu erleben. Aus dieser Situation resultiert oft Unsicherheit auf beiden Seiten.

Gestehen Sie sich diese Gefühle der Irritation zu. Sie sind selbstverständlich. Sie müssen der Transfrau, die Ihnen zum ersten Mal als Frau gegenübertritt, nicht vorspielen, der Rollenwechsel sei für Sie die »normalste« Sache von der Welt. Nur enthalten Sie sich kritischer, vor allem entwertender Kommentare zu ihrem Aussehen. Sie müssen berücksichtigen, dass der Mensch, der sich Ihnen nun als Frau präsentiert, viele Jahre, zum Teil sogar Jahrzehnte als Mann gelebt hat. Auch wenn er vielleicht immer wieder einmal in der Freizeit als Frau aufgetreten ist, fehlt ihm doch all das, was eine biologische Frau in Kindheit und Jugend bezüglich weiblicher Aufmachung und weiblichem Verhalten gelernt hat. Ähnlich wie die weiblichen Jugendlichen muss auch die erwachsene Transfrau mit Kleidung und Schminke experimentieren, bis sie den zu ihr passenden Stil gefunden hat.

Hinzu kommt, dass biologische Frauen von Kindheit an lernen, wie sich eine Frau bewegt, wie sie spricht und wie sie sich im Umgang mit Frauen und Männern verhält. All dies ist für die Transfrau nicht selbstverständlich, obwohl ihr vielleicht schon vor langer Zeit klar war, dass sie kein Mann, sondern eine Frau ist. Was ihr Verhalten und ihr Äußeres betrifft, muss sie nun erst Schritt für Schritt lernen, was es bedeutet, in der Öffentlichkeit als Frau in Erscheinung zu treten. All dies müssen Sie berücksichtigen, wenn Sie der Transfrau gegenübertreten, die Sie bisher als Mann gekannt haben.

Transmänner haben es in dieser Hinsicht nicht ganz so schwer. Frauen sind in unserer Gesellschaft viel mehr daran gewöhnt, Kleidung zu tragen, die der von Männern ähnlich ist. Außerdem müssen Transmänner nicht lernen, sich zu schminken, und sie haben sich im Allgemeinen schon in der Zeit, in der sie noch in der weiblichen Rolle gelebt haben, »burschikos« verhalten können, ohne dass die Umgebung daran Anstoß genommen hätte. Der Umgebung wird zumeist erst in dem Moment spürbar, dass bei ihnen »etwas nicht stimmt«, wenn durch die männlichen Hormone körperliche Veränderungen ausgelöst werden.

Ein Beispiel möge die geschilderte Situation veranschaulichen:

> Schon während der Schulzeit wurde die heute 17-jährige Anne immer für einen Jungen gehalten. Von jeher trug sie jungenhafte Kleidung, war nie irgendwo geschminkt erschienen und entsprach in ihrem Verhalten dem ihrer Kameraden. Schon im Alter von sieben Jahren hatte sie begonnen, den Eltern zu sagen, sie sei kein Mädchen, sondern ein Junge. Anfangs hatten die Eltern diese Äußerungen nicht ernst genommen und sich selbst und die Tochter damit beruhigt, das sei »so eine Phase, die manche Mädchen durchmachen«, das »vergeht wieder«.

Als Anne während der nächsten Jahre weiterhin darauf beharrte, ein Junge zu sein und im Alter von 15 Jahren der Mutter gestand, sich in eine Klassenkameradin verliebt zu haben, glaubten die Eltern, die Lösung des »Rätsels« gefunden zu haben. »Du bist lesbisch, Anne«, hatte die Mutter gemeint. »Das heißt aber nicht, dass du ein Junge bist, sondern du bist als Mädchen in ein anderes Mädchen verliebt.« Anne war über diese Interpretation überhaupt nicht glücklich und fühlte sich völlig missverstanden. »Das hat doch gar nichts miteinander zu tun«, sagte sie verzweifelt. »Egal, ob ich ein Mädchen oder einen Jungen liebe, ich bin ein Junge! Und ich bin nicht lesbisch, sondern heterosexuell.«
In eine schwere Krise war Anne gestürzt, als – relativ spät, wie der Hausarzt konstatierte – im Alter von 14 Jahren die Menarche eintrat. Mit Schrecken und Widerwillen hatte sie das Wachstum der Brüste wahrgenommen, und die nun eintretenden Monatsblutungen hatten sie total durcheinandergebracht. »Das geht doch nicht! Ich kann doch als Mann keine Menstruation haben«, hatte sie der Mutter unter Tränen geklagt.
In der Folge fing Anne an, die sich entwickelnden Brüste so abzubinden, dass sie unter T-Shirts und Pullovern nicht sichtbar wurden. In ihrer Kleidung und in ihrem Verhalten verstärkte sie bewusst das männliche Element, damit niemand in ihr das Mädchen erkennen sollte. Außerdem bestand sie in der Klasse und im Freundeskreis darauf, nicht mehr »Anne«, sondern »Andreas« genannt zu werden. Nur die Eltern nannten sie zu ihrem Leidwesen und trotz heftiger Auseinandersetzungen, die Anne deshalb mit ihnen immer wieder führte, weiterhin »Anne«.
Da die Tochter weiterhin darauf beharrte, ein Junge zu sein, hatten die Eltern über Vermittlung des Hausarztes einen Psychologen aufgesucht, der Erfahrung mit Transidentität hatte. Er begleitete Anne ein Jahr lang psychotherapeutisch und bestätigte ihr schließlich, dass bei ihr eine »Transsexualität« vorliege. Der Endokrinologe, den die Eltern mit Anne anschließend konsultierten, begann vor einigen Monaten die hormonelle Behandlung mit Testosteron. Als große Erleichterung empfand Anne es, dass durch die Verabreichung dieser männlichen Hormone nun die Menstruation unterdrückt

wurde und nach und nach der Bart zu wachsen begann. Außerdem stellte sich nach einiger Zeit ein Stimmbruch ein, so dass ihre Stimme bald so männlich klang wie die ihrer Kameraden.
Annes Patentante lebte seit vielen Jahren in den USA und hatte Anne das letzte Mal vor vier Jahren getroffen. Sie hatte für das kommende Wochenende ihren Besuch bei Annes Eltern angekündigt. Anne hatte ihr in den vergangenen Jahren immer wieder per Mail und bei Telefongesprächen von ihrer Situation berichtet und war bei der Patin auf großes Verständnis gestoßen. »Du wirst staunen, wie ich jetzt aussehe«, hatte Anne ihr beim letzten Telefongespräch gesagt. »Vielleicht erkennst du mich ja gar nicht wieder, wenn ich dich am Flughafen abhole.« »Auch wenn ich dich vier Jahre nicht gesehen habe, werde ich dich doch wiedererkennen«, hatte die Patin lachend geantwortet. »So stark verändert man sich ja nicht in vier Jahren.«
Als die Patin auf dem Flughafen aus dem Zollbereich hinaustrat und sich suchend nach Anne umschaute, konnte sie sie nirgends entdecken. Sie musterte eingehend die wartenden Erwachsenen und Jugendlichen. Niemand sah aber so aus, wie sie Anne in Erinnerung hatte. Dann muss ich mich wohl noch etwas gedulden, dachte sie. Sicher hat sich Anne verspätet. Plötzlich trat ein junger Mann auf sie zu, streckte ihr die Hand entgegen und sagte lachend: »Siehst du, du hast mich nicht erkannt! Ich habe dir das ja prophezeit.« Völlig irritiert schaute die Patin den jungen Mann an. Das sollte ihr Patenkind Anne sein? Das war kein Mädchen, auch keine junge, burschikos wirkende Frau. Vor ihr stand ein junger Mann mit modischem Bürstenhaarschnitt und einem Dreitagebart. »Nein, so hätte ich dich nie erkannt«, rief die Patin fassungslos. »Dass du dich so verändert hast, Anne!« »Bitte nenn mich nicht mehr Anne. Das wirkt doch komisch, wenn ich jetzt als Mann lebe und du mich ›Anne‹ rufst. Ich heiße jetzt Andreas.«

Die hier am Beispiel von Anne/Andreas beschriebene Situation findet sich häufig bei jugendlichen Transmännern, die in Familien aufwachsen, welche dem Wunsch der Jugendlichen nach einer Angleichung an das männliche Geschlecht folgen. Schon in der Kindheit spüren diese Mädchen, dass sie nicht weiblich, sondern männlich sind. Der Beginn des Brustwachstums und das Einsetzen der Menstruation sind für sie deshalb geradezu traumatisierende Erfahrungen, wird dadurch doch das Auseinanderklaffen des inneren (männlichen) Bildes, ihrer Identität, und des (weiblichen) Körpers nochmals spürbarer und stürzt sie nicht selten in schwere Konflikte.

Anne/Andreas hat in dieser schwierigen Situation insofern noch Glück, als das Umfeld verständnisvoll und akzeptierend reagiert. So wird Anne/Andreas in der Klasse und im Kreis der Freundinnen und Freunde schon früh als Junge akzeptiert und auch mit dem männlichen Vornamen angesprochen. Für viele Transmenschen ist es jedoch kränkend, dass es die Eltern wie im geschilderten Beispiel über lange Zeit nicht fertigbringen, zum Namen des anderen Geschlechts zu wechseln. »Wir können unsere Tochter doch nicht plötzlich mit einem männlichen Namen ansprechen«, ist im Allgemeinen das Argument. »Auch wenn sie männliche Kleidung trägt und sich männlich verhält, ist sie doch nach wie vor eine Frau.«

Spätestens in dem Moment, in dem sich unter den männlichen Hormonen der Körper zu verändern beginnt (Bartwuchs und Stimmbruch) ist es jedoch nicht mehr möglich, am weiblichen Vornamen festzuhalten. Jetzt müssen auch die Eltern und andere Bezugspersonen den Wechsel zum männlichen Namen vollziehen, unabhängig davon ob ihnen dies leicht- oder schwerfällt.

Wie bei Anne/Andreas geschildert, führen die männlichen Hormone beim Transmann zu deutlich sichtbaren körperlichen Veränderungen, so dass eine Person wie die Patin, die ihr Patenkind nach längerer Zeit zum ersten Mal wiedertrifft, den Transmann kaum noch zu erkennen vermag. Entsprechend groß sind die Irritation und die Unsicherheit, wie sich die Bezugspersonen nun verhalten sollen. Selbstverständlich ist es in diesem Moment nicht mehr möglich, den weiblichen Vornamen zu verwenden. Aber dies macht nicht nur Eltern oder Verwandten Mühe, sondern auch Mitarbeiterinnen und Mitarbeitern oder Vorgesetzten. Nun wird aus »Frau Meier« plötzlich »Herr Meier«.

Im Folgenden ein Beispiel aus der Arbeitswelt:

> Eine in einer internationalen Organisation tätige Transfrau (mit amtlichem Namen immer noch *Herr* Meier) hatte den Schritt in die Öf-

fentlichkeit bereits im Familien- und Freundeskreis getan. Nun stand nur noch das Coming-out in der Firma an. Sie entschloss sich, zu dem in der Schweiz gelegenen Hauptsitz der Organisation zu fahren und dort dem obersten Chef zu eröffnen, dass sie nun auch in der Firma als Frau auftreten wolle. Sie hatte zunächst geplant, schon als Frau dorthin zu reisen und dem Chef gleich in der neuen Rolle zu begegnen. Da der Vorgesetzte noch nichts von ihrer Transidentität wusste, entschied sie sich schließlich aber, dieses Gespräch »zum letzten Mal in meinem Leben in Männerkleidern« zu führen.

Die Transfrau berichtete später, beim Gespräch seien der oberste Chef und sein Stellvertreter anwesend gewesen. Sie seien zunächst völlig verblüfft und sichtlich irritiert gewesen, als sie von ihrer Transidentität berichtet habe. Sie habe den beiden dann Fotos von sich als Frau gezeigt, und beide Vorgesetzten hätten es nicht für möglich gehalten, dass der Mann, der ihnen gegenübersaß, die Frau auf dem Foto sei. Sie habe ihnen deshalb vorgeschlagen, am Abend als Frau mit ihnen essen zu gehen, was die beiden Vorgesetzten gerne angenommen hätten.

Die Vorgesetzten seien mit dem geplanten Rollenwechsel von Mann zu Frau einverstanden gewesen und hätten vorgeschlagen, dass sie eine Mail an alle Mitarbeitenden der Firma und an alle Zweigstellen in den verschiedenen Ländern schicken und in dieser Mail mitteilen würden, dass Herr Meier ab morgen Frau Meier sei. Dieser Wechsel geschehe in Absprache mit der Firmenleitung, die alle Mitarbeitenden auffordere, Frau Meier als Frau zu akzeptieren, mit dem weiblichen Namen anzusprechen und mit Respekt zu behandeln. In diese Mail fügten sie noch das Bild ein, das Herrn Meier als Frau zeigte.

Die Transfrau berichtete später, dass beim gemeinsamen Abendessen mit den Vorgesetzten diese sich immer wieder versprochen und sie mit »Herr« angesprochen hätten. Sie habe sie einige Male darauf hingewiesen, was den Vorgesetzten sehr peinlich gewesen sei. Als Erklärung für ihre Versprecher hätten die beiden angeführt, dass sie zwar durch die sehr weibliche Erscheinung der Transfrau beeindruckt seien, sich aber nicht so schnell von dem männlichen Bild, das sie bisher von ihr durch den jahrelangen Mailkontakt gehabt hätten, distanzieren könnten.

Die in diesem Beispiel geschilderte Unsicherheit der Vorgesetzten ist insofern verständlich, als sie die Transfrau bisher nur als Mann gekannt und nie Zweifel daran gehegt hatten, dass es ein Mann sei. Die Mitteilung der Transidentität von »Herrn« Meier hatte sie deshalb total verblüfft. Es spricht für die Offenheit der Vorgesetzten, dass sie in keiner Weise ablehnend oder gar entwertend darauf reagiert haben, sondern mit dem Mitarbeiter zusammen einen – sehr konstruktiven – Weg gesucht haben, wie sie die Transidentität den anderen Angestellten des Unternehmens mitteilen könnten. Das Einfügen des Fotos von Herrn Meier als Frau erwies sich insofern als gute Strategie, als dadurch den Mitarbeiterinnen und Mitarbeitern sichtbar wurde, dass die Transfrau eine »ganz normale« Frau war.

Rückblickend erwies sich auch Herrn Meiers Strategie, das Gespräch mit den Vorgesetzten in männlicher Kleidung geführt zu haben, als fruchtbar. Beim gemeinsamen Abendessen hatte er den Vorgesetzten berichtet, dass er zunächst geplant habe, schon da als Frau aufzutreten. Beide Vorgesetzten hatten daraufhin spontan gesagt, dass sie damit sicher überfordert gewesen wären. Es sei gut, dass die Transfrau ihnen Zeit gelassen habe, sich an den Gedanken zu gewöhnen, dass »Herr« Meier nun »Frau« Meier sei. Dass der Mitarbeiter ihnen dann ein Foto von sich als Frau gezeigt habe, sei eine große Hilfe für sie gewesen, um sich vorstellen zu können, wie der Rollenwechsel konkret aussehen werde. Bei aller Offenheit der Transidentität gegenüber wäre es für sie sehr schwierig gewesen – und sie gaben ehrlich zu, dass es vielleicht sogar zunächst ablehnende Gefühle bei ihnen ausgelöst hätte –, wenn Herr Meier zum ersten Gespräch bereits als Frau gekommen wäre.

Wie gerade dieser Punkt zeigt, ist es beim Coming-out von Transmenschen einerseits wichtig, dass sie die zu erwartende Irritation ihrer Bezugspersonen berücksichtigen und sie nicht überfordern, indem sie »mit der Tür ins Haus fallen«. Andererseits sollten Sie als Angehöriger oder Mitarbeiterin von Transfrauen und Transmännern sich aber auch zugestehen, dass die neue Rolle, in der die Ihnen bisher als Frau oder Mann bekannte Person nun auftritt, Sie verunsichert und Sie nicht recht wissen, wie Sie sich nun verhalten sollen.

Im Allgemeinen bewährt es sich, dass zwischen dem ersten Gespräch über die Transidentität und dem konkreten Auftreten in der neuen

Rolle nicht allzu viel Zeit vergeht. Ermuntern Sie als Familienmitglied, Freund oder Freundin deshalb die Transfrau oder den Transmann, sich Ihnen bald in der neuen Rolle zu zeigen. Andernfalls besteht die Gefahr, dass Sie sich ein völlig unrealistisches – vor allem bei Transfrauen zumeist negatives – Bild von der betreffenden Person machen. Sie real in der neuen Rolle zu treffen, ist das beste Mittel, die Entwicklung solcher Negativbilder von vorneherein zu vermeiden und zu sehen – so wie es die Vorgesetzten von Herrn Meier im zuletzt beschriebenen Beispiel formuliert haben –, dass die Ihnen bisher als Mann bekannte Person eine »ganz normale Frau« ist.

Probleme im beruflichen Bereich können sich bei erwachsenen Transfrauen und Transmännern ergeben, die in Berufen arbeiten, in denen es üblich ist, nach der Arbeit zusammen zu duschen. Dabei ist auf der einen Seite zu berücksichtigen, wie sich der Transmann bzw. die Transfrau fühlt. Auf der anderen Seite ist es aber auch wichtig, wie Sie als Kolleginnen und Kollegen diese Situation empfinden. Auch wenn Sie prinzipiell kein Problem mit der Transidentität Ihrer Mitarbeiterin oder Ihres Mitarbeiters haben, würde es Sie sicher ziemlich irritieren, mit einem Transmann ohne Penis in der Gemeinschaftsdusche zu sein oder mit einer noch nicht operierten Transfrau mit bereits deutlich sichtbaren Brüsten und Penis zu duschen.

In diesen Fällen braucht es Absprachen mit Vorgesetzten und Personalverantwortlichen, um eine für alle Beteiligten akzeptable Lösung zu finden. Dies kann, was das Duschen betrifft, beispielsweise bedeuten, dass der Transfrau oder dem Transmann eine eigene Dusche zur Verfügung gestellt wird. Dabei sollten Sie als Vorgesetzte aber darauf bedacht sein, dass durch solche Sonderbehandlungen im Team keine Animositäten entstehen, weil nach Ansicht der Teammitglieder vielleicht »wieder einmal besondere Rücksicht« auf die Transperson genommen wird. Es ist in diesem Fall wichtig, vor Einführung solcher Extrabehandlungen die Situation offen im Team zu diskutieren und gemeinsam Lösungen zu suchen, die allen Beteiligten gerecht werden und vom Team mitgetragen werden.

In einer nochmals schwierigeren Situation befinden Sie sich als Eltern und Lehrerinnen und Lehrer von *Transkindern*, sind diese als Kinder in ihrem Coming-out doch in viel stärkerem Maße auf Ihre

Unterstützung angewiesen als erwachsene Transmenschen. Ich werde ausführlich auf diese Fragen in Kapitel 7 eingehen.

Auf den Punkt gebracht

- Wenn Sie Fragen an die Ihnen nahestehende Transperson haben, stellen Sie sie offen, aber respektvoll.
- Sprechen Sie auch offen über die emotionale Irritation, die Sie bei sich in Bezug auf die körperlichen Veränderungen der Transperson wahrnehmen.
- Auch wenn es Ihnen anfangs vielleicht Probleme bereitet, gewöhnen Sie sich daran, die Transfrau als Frau und den Transmann als Mann anzusprechen.
- Als Transfrau können Sie es Ihren Angehörigen und Freunden einfacher machen, wenn Sie ihnen vor dem ersten persönlichen Zusammentreffen mit Ihnen in der neuen Rolle ein Foto von sich als Frau zeigen. Transmänner haben es in dieser Hinsicht oft einfacher, da sie im Allgemeinen nicht als biologische Frauen erkennbar sind.
- Im beruflichen Bereich ist es wichtig, dass Sie als Vorgesetzte oder Kolleginnen und Kollegen auf der einen Seite berücksichtigen, wie sich die Transperson in Ihrem Team fühlt, auf der anderen Seite aber auch darauf achten, wie sich die übrigen Mitarbeitenden fühlen.

4. Welche Konsequenzen hat der Rollenwechsel? Was muss nach der körperlichen Angleichung geändert werden?

Das Ziel der meisten Transmenschen ist es, nach der hormonellen und chirurgischen Angleichung an das andere Geschlecht auch eine *Personenstandsänderung* vorzunehmen. Dies bedeutet, dass die Transfrau juristisch nun als Frau und der Transmann als Mann gilt. Dies wird durch den neuen Vornamen, die Bezeichnung als »weiblich« bzw. »männlich« im Personalausweis und Pass sowie durch die Nennung des »neuen« Geschlechts in sämtlichen offiziellen Dokumenten signalisiert. Insofern besteht nun nicht nur eine Übereinstimmung zwischen dem inneren Bild des Transmenschen von sich als Frau bzw. Mann und dem Körper, sondern auch im Hinblick auf das soziale Leben.

Um den Personenstand ändern zu können, musste ein Transmann in Deutschland, Österreich und der Schweiz bis vor wenigen Jahren nachweisen, dass er als Frau nicht mehr gebärfähig war. Dies bedeutete, dass, wie in Kapitel 2 beschrieben, im Allgemeinen der Uterus und die Eierstöcke entfernt wurden. Bei der Transfrau war die Personenstandsänderung an die Entfernung der Hoden und des Penis gebunden.

Diese Operationen stellten einen erheblichen Eingriff in die körperliche Integrität von Transmenschen dar. Diejenigen unter ihnen, die eine körperliche Angleichung an das andere Geschlecht wünschten, taten sich damit selbstverständlich nicht schwer, war es doch ihr erklärtes Ziel, den Körper so weit wie möglich an das des anderen Geschlechts angleichen zu lassen.

Immer wieder bin ich aber auch mit Transmenschen zusammengetroffen, die diese »Totaloperationen« nicht unbedingt anstrebten und irgendwo »dazwischen«, das heißt zwischen ihrem biologischen Körper mit seinen Merkmalen und dem Körper des angestrebten Geschlechts bleiben wollten. Ein solcher Wunsch stößt jedoch bei etlichen Fachleuten auf große Skepsis und wird von diesen mitunter sogar als Hinweis darauf gedeutet, dass es bei solchen Personen nicht um »echten Transsexualismus« gehe. So stellt der Wunsch nach hormoneller und chirurgischer Angleichung an das andere Geschlecht ja auch ein Kriterium bei der Diagnose »Transsexualität« in der ICD-10 dar (das DSM-IV-TR hat dieses Kriterium für die Diagnose der »Störung der Geschlechtsidentität« indes nicht aufgenommen). Mein persönlicher Eindruck ist seit vielen Jahren, dass durch die Forderung, Transmenschen müssten den »ganzen« Weg (d. h. Alltagstest, hormonelle und chirurgische Maßnahmen und Personenstandsänderung) gehen, manche von ihnen zu Schritten gedrängt werden, die sie von sich aus – zumindest im Augenblick – noch nicht tun würden.

Es war deshalb ein wichtiger Schritt, als im Januar 2011 der *deutsche Bundesgerichtshof* entschieden hat, dass eine Personenstandsänderung auch ohne jegliche körperliche Behandlung möglich ist. Allerdings sind dazu immer noch zwei gutachterliche Stellungnahmen nötig. Immerhin ist seither kein Transmensch in Deutschland mehr gezwungen, irgendwelche Eingriffe an seinem Körper vornehmen zu lassen.

Auch in der *Schweiz* ist es für Transmenschen nun möglich, den Personenstand ohne hormonelle Behandlung und ohne Operation zu ändern. Es liegen derzeit mindestens drei entsprechende Gerichtsentscheide vor: So hat das Zürcher Obergericht im Februar 2011 entschieden, dass ein operativer Eingriff als Voraussetzung zur Personenstandsangleichung und Vornamensänderung die Persönlichkeitsrechte verletzt. Im Juli 2012 entschied das Regionalgericht Bern-Mittelland in gleicher Weise, und im September 2012 hat das erstinstanzliche Zivilgericht des Kantons Jura einer Personenstandsänderung zugestimmt, ohne dass der Gesuchsteller nach bereits erfolgter amtlicher Vornamensänderung nochmals ein Gutachten vorweisen musste. Es wurde auch keine Sterilisation zur Bedingung gemacht. Auch wenn die Gerichte anderer Kantone sich unter Umständen weigern, derartige Entscheide zu treffen, stellen die Urteile des Zürcher Obergerichts, des Regionalgerichts Bern-Mittelland und des erstinstanzlichen Zivilgerichts des Kantons Jura doch Präzedenzfälle dar und werden dazu beitragen, dass in absehbarer Zeit in der Schweiz, wie jetzt schon in Deutschland, die Personenstandsänderung nicht mehr an die körperliche Angleichung an das andere Geschlecht gebunden wird. Falls nötig, wird dies über ein Bundesgerichtsurteil oder eine Klage beim Gericht für Menschenrechte in Straßburg zu erreichen sein.

In *Österreich* ist im Juli 2006 der Transsexuellenerlass von 1996 vom österreichischen Verfassungsgerichtshof als verfassungswidrig aufgehoben worden. Mit dem Entscheid des Verwaltungsgerichtshofs vom Dezember 2009 besteht nun die Möglichkeit, ohne Hormonbehandlung oder »Operationszwang« (d. h. ohne geschlechtsangleichende Operationen) den Geschlechtseintrag im Geburtenbuch zu ändern. Der Verwaltungsgerichtshof nennt dafür drei grundsätzliche Voraussetzungen: die Diagnose »Transidentität« muss gestellt sein, es muss eine deutliche Annäherung an das äußere Erscheinungsbild des anderen Geschlechts vorliegen, und es muss mit hoher Wahrscheinlichkeit damit zu rechnen sein, dass sich am Zugehörigkeitsempfinden zum anderen Geschlecht nichts mehr ändern wird. Das letzte Kriterium lässt sich nach Ansicht des Verwaltungsgerichtshofs »in aller Regel nur durch die Einholung eines Sachverständigengutachtens ausreichend klären«.

Die Liste der Änderungen, die Transmenschen vornehmen müssen, ist mit der Personenstandsänderung indes längst nicht vollständig. Im Ausweis der Transfrau steht bei »Geschlecht« nun zwar »weiblich«. Wie kann sie sich aber beispielsweise für eine Stelle als Buchhalterin bewerben, wenn sie ein Lehrabschlusszeugnis besitzt, das auf ihren ehemaligen männlichen Vornamen ausgestellt ist? Oder wie kann sich ein Transmann als Assistenzarzt in einer Klinik bewerben, wenn sein Staatsexamenszeugnis seinen ehemaligen weiblichen Namen trägt? Würden die Transfrau und der Transmann diese Dokumente, die dem alten Personenstand entsprechen, bei aktuellen Bewerbungen vorlegen, so würden sie in Beweisnot geraten und müssten ihre Transidentität offenlegen. Aus diesem Grund ist es wichtig, dass Transmenschen nach der Personenstandsänderung *alle Dokumente, die sie irgendwann einmal vorweisen müssen, auf das neue Geschlecht umschreiben lassen.*

Sie können sich vermutlich vorstellen, dass dies oft ein sehr aufwändiges Unternehmen ist. Es sind ja nicht nur, wie oben erwähnt, die Lehrabschluss- und Examenszeugnisse, die zu ändern sind, sondern auch Bescheinigungen über absolvierte Weiterbildungsveranstaltungen, Bestätigungen über die Teilnahme an verschiedenen Kursen, Zeugnisse und Zwischenzeugnisse von verschiedenen Arbeitsstellen und vieles mehr. Je älter ein Transmensch bei der Transition ist, desto größer ist die Zahl der zu ändernden Dokumente und desto schwieriger kann es sich gestalten, ehemalige Ausbildungsorganisationen und Arbeitgeber zu erreichen.

Wenn Sie als Arbeitgeber oder Mitarbeiterin einer Aus- oder Weiterbildungsorganisation mit Anfragen dieser Art konfrontiert werden, sollten Sie sich der Bedeutung klar sein, welche die Änderung der von Ihnen früher ausgestellten Dokumente für die betreffende Transfrau oder den Transmann hat. Ohne die Änderung im Sinne des neuen Geschlechts ist das alte Zeugnis oder die alte Arbeitsbestätigung im Grunde wertlos. Wie oben erwähnt, würde die Vorlage des unveränderten Dokuments den Transmenschen zwingen, seine Transidentität offenzulegen. Dies kann unter Umständen zu erheblichen beruflichen Nachteilen für ihn führen, denn längst nicht alle Arbeitgeber begegnen Transmenschen unvoreingenommen.

Aus diesem Grund ist es für Transmenschen wichtig, dass Sie als ehemalige oder jetzige Arbeitgeber Änderungen der früheren Zeugnisse und sonstiger Unterlagen unkompliziert vornehmen. Als Angehörige/r können Sie Ihre Transtochter oder Ihren Transsohn ebenfalls unterstützen, indem Sie bei der Suche nach Adressen, beim Kopieren alter Zeugnisse und anderen bürokratischen Arbeiten behilflich sind. Dies mag trivial klingen. In Anbetracht der vielen Dinge, die von Transmenschen nach der Personenstandsänderung zu erledigen sind, ist es jedoch keineswegs unwichtig, ob sie dabei vom Umfeld unterstützt werden oder alle Aufgaben allein bewältigen müssen.

Die bisherigen Ausführungen könnten in Ihnen, vor allem als Angehörige/r, den Eindruck entstehen lassen, es sei ein steiniger Weg, den Ihr Transangehöriger zu gehen hat. Vielleicht fragen Sie sich im Stillen – oder haben Ihre Zweifel sogar schon mehr oder weniger deutlich geäußert –, ob sich dieser schwierige Weg überhaupt lohnt angesichts der vielen Probleme, die sich nicht nur im Hinblick auf die körperliche Angleichung, sondern auch im privaten und beruflichen Bereich ergeben. Auch wenn solche Gedanken verständlich sind, dürfen Sie nicht vergessen, dass es für Transmenschen außerordentlich wichtig ist, ihre Pläne umzusetzen und endlich so leben zu können, wie es ihrer Empfindung entspricht.

Der Weg bis zu diesem Ziel ist allerdings steinig und deshalb wird Ihr Transangehöriger Ihnen für Ihre Unterstützung dankbar sein. Aber die äußeren Schwierigkeiten werden ihn nicht davon abhalten. Deshalb tun Sie ihm den größten Gefallen, wenn Sie Ihre Solidarität mit ihm bekunden und ihm behilflich sind, wo immer Ihnen dies möglich ist.

Auf den Punkt gebracht

- Ziel der meisten Transfrauen ist es, gesellschaftlich als Frau, und der Transmänner, gesellschaftlich als Mann, leben zu können und akzeptiert zu werden. Dazu ist die Personenstandsänderung eine wichtige Voraussetzung.
- In Deutschland besteht seit 2011 die Möglichkeit, eine Personenstandsänderung auch ohne körperliche Eingriffe zu beantragen. In der Schweiz liegen entsprechende Entscheide des Zürcher Obergerichts aus dem Jahr 2011 und aus dem Jahr 2012 Urteile des erstinstanzlichen Zivilgerichts des Kantons Jura und des Regionalgerichts Bern-Mittelland vor, auf die sich die Gerichte anderer Kantone berufen können. Auch in Österreich ist seit 2009 nach Aufhebung des 2006 als verfassungswidrig erklärten Transsexuellenerlasses eine Personenstandsänderung ohne hormonelle Behandlung oder Operation möglich, wenn die Diagnose »Transidentität« gestellt ist, eine deutliche Annäherung an das äußere Erscheinungsbild des anderen Geschlechts vorliegt und damit gerechnet werden kann, dass sich das Zugehörigkeitsempfinden zum anderen Geschlecht nicht mehr ändern wird.
- Es ist sinnvoll, nach der Personenstandsänderung alle wichtigen Zeugnisse und Bescheinigungen von Aus- und Weiterbildungen auf das neue Geschlecht umschreiben zu lassen.
- Als Angehörige/r oder Freund/in können Sie dem Ihnen nahestehenden Transmenschen bei den dazu nötigen Arbeiten behilflich sein.

5. Was sagen wir unseren Verwandten, Freundinnen und Freunden sowie den Arbeitskolleginnen und -kollegen? Coming-out der Bezugspersonen

Ich habe im Kapitel 2 bereits darauf hingewiesen, dass Transmenschen einen *Coming-out-Prozess* durchlaufen, dessen erste Phase das *innere Gewahrwerden* und die *Akzeptanz* der eigenen Transidentität und dessen zweite Phase das *Hinaustreten* damit an eine mehr oder weniger weite Umgebung umfasst. In ähnlicher Weise durchlaufen auch Sie als Familienmitglied und sogar Sie als Kollegin oder Kollege sowie Vorgesetzte/r einen solchen Coming-out-Prozess.

Auch beispielsweise als Elternteil müssen Sie sich in einer ersten Phase mit dem Gedanken auseinandersetzen, dass Ihr Sohn »nun plötzlich« eine Frau ist oder Ihre Tochter Ihnen eröffnet, ein Mann zu sein. Wie in Kapitel 2 ausgeführt, wird es Ihnen gerade als nahe/r Angehörige/r, insbesondere als Elternteil, im Allgemeinen schwerfallen, dies problemlos zu akzeptieren, sind wir in unserer Gesellschaft doch daran gewöhnt, Mannsein und Frausein als absolut geltende, unveränderbare Koordinaten zu betrachten. Transmenschen stellen diese als »unumstößliche Wahrheit« betrachteten Koordinaten in Frage, indem der biologische Mann sagt, er sei eine Frau, und die biologische Frau Ihnen mitteilt, ein Mann zu sein. Das folgende Beispiel soll die beiden Coming-out-Schritte, die Sie als Angehörige/r oder Freund/in machen, veranschaulichen.

Die 18-jährige Alexandra Krohn hatte von jeher weibliche Kleidung und weibliche Tätigkeiten abgelehnt. Sie hatte sich schon als Kind stets den Jungen angeschlossen, sich mit Begeisterung an deren wilden Spielen beteiligt und sich strikt geweigert, irgendetwas anzuziehen, was auch nur entfernt nach Mädchenkleidung aussah. Die Eltern hielten dies während etlicher Jahre für eine »Laune«

von Alexandra und nahmen an, die Tochter orientiere sich an den beiden älteren Brüdern.
Alle Versuche, Alexandra bezüglich Kleidung, Interessen und Verhalten in die weibliche Rolle zu drängen, schlugen indes fehl. Je älter sie wurde, desto vehementer wehrte sie sich gegen alles Weibliche. Ein Schock war es deshalb für sie, als ihre Brüste zu wachsen begannen und sie im Alter von 13 Jahren die Menarche erlebte. Ab diesem Alter trug sie noch bewusster als vorher ausschließlich männliche Kleidung, so dass sie mit ihren kurzen Haaren und ihrem forschen Auftreten von Fremden im Allgemeinen als männlicher Jugendlicher angesprochen wurde.
Das Ehepaar Krohn machte sich zunehmend Sorgen wegen der Tochter. »Sie sieht nicht nur äußerlich wie ein Junge aus, sondern hat auch keinen Freund wie die anderen Mädchen in ihrem Alter«, klagte Frau Krohn eines Tages einer Freundin ihr Leid. »Am Ende ist sie lesbisch«, meinte diese. »Bei Bekannten war es genauso. Die Tochter hat sich von Kindheit an wie ein Junge gekleidet und verhalten. Und in der Pubertät stellte sich heraus, dass sie auf Mädchen steht.« Als Alexandra der Mutter einige Monate später die um ein Jahr jüngere Claudia als »meine Freundin« vorstellte, sah Frau Krohn die Vermutung ihrer Freundin bestätigt, dass Alexandra lesbisch sei.
Sie führte daraufhin mit der Tochter ein ausführliches Gespräch, in dem ihr Alexandra zwar bestätigte, dass sie sich zu Frauen hingezogen fühle. Frau Krohn spürte aber, dass es noch etwas anderes gab, was Alexandra beschäftigte. »Du musst dir keine Sorgen machen, dass das Lesbischsein für uns ein Problem ist«, versuchte sie die Tochter zu trösten. »Du kennst ja meine Schulfreundin Ulrike und weißt doch, dass sie auch lesbisch ist. Ich habe damit überhaupt kein Problem.« »Bei mir ist es aber noch komplizierter«, meinte Alexandra zögernd. »Ich wollte schon lange mit euch darüber sprechen. Ich bin nämlich keine Frau, sondern ein Mann.«
Völlig verblüfft schaute Frau Krohn ihre Tochter an. »Wieso bist du keine Frau, sondern ein Mann? Du kleidest dich zwar ausgesprochen männlich und verhältst dich wie ein Mann, und nun ist klar geworden, dass du Frauen liebst. Deshalb bist und bleibst du aber eine

Frau.« »Eben nicht!«, brach es aus Alexandra hervor. »Seit Jahren weiß ich, dass ich keine Frau bin. Ich dachte, ihr hättet längst gemerkt, dass ich transsexuell bin.« »Um Gottes Willen«, entfuhr es Frau Krohn, »das hat uns gerade noch gefehlt! Entschuldige, Alexandra«, fuhr sie erschrocken fort, als sie sah, dass der Tochter die Tränen in Strömen über die Wangen liefen. »Ich wollte dir nicht weh tun. Aber das kam so überraschend.« Sie schloss die Tochter in die Arme und strich ihr tröstend über das Haar.

Im anschließenden Gespräch berichtete Alexandra der Mutter, sie habe schon früh gespürt, dass bei ihr »etwas nicht stimmt«. Sie habe sich immer als Junge gefühlt und sich deshalb so gekleidet und verhalten. Aus diesem Grund seien die Menarche und das Wachsen der Brüste auch solch ein Schock für sie gewesen. »Die monatlichen Blutungen sind für mich der reinste Horror. Hast du denn nicht bemerkt, dass ich die Brüste immer fest eingebunden habe, damit sie sich im Sommer nicht unter dem T-Shirt abzeichnen?«

Bestürzt hörte Frau Krohn diesen Bericht ihrer Tochter. »Ich habe ja nicht geahnt, was du durchgemacht hast, Alexandra. Warum hast du mir denn nie etwas davon erzählt?« »Ich habe anfangs ja auch nicht gewusst, was mit mir los ist«, erklärte die Tochter. »Als ich merkte, dass ich auf Mädchen stehe, dachte ich, ich sei lesbisch. Das hast du ja auch gemeint. Aber mir ist gerade durch das Zusammensein mit Claudia klar geworden, dass ich nicht lesbisch bin, sondern sie als Mann begehre.« »Nun mal langsam«, unterbrach Frau Krohn Alexandra. »Wie spürst du denn, ob du eine Frau als lesbische Frau oder als Mann begehrst?« »Das kann ich dir auch nicht genauer erklären«, antwortete Alexandra schulterzuckend. »Ich spüre aber, dass es so ist: Ich bin ein Mann und begehre Claudia als Mann. Außerdem ist Claudia auch nicht lesbisch. Sie sieht in mir nicht die Freundin Alexandra, sondern ihren Freund Alex.«

Frau Krohn ging aus diesem Gespräch mit Alexandra völlig verwirrt hervor. Sie hatte immer geglaubt, sie sei eine aufgeschlossene Frau und habe keinerlei Vorbehalte irgendeinem Menschen gegenüber. So hatte sie ja auch die Annahme, Alexandra sei lesbisch, nicht verunsichert. Doch Transsexualität war etwas für sie total Neues, und sie spürte, je mehr sie darüber nachdachte, dass sich alles in ihr dagegen wehrte, dies zu akzeptieren.

Auch die Gespräche mit ihrem Mann und den beiden Söhnen machten es ihr nicht einfacher. Herr Krohn tat das Ganze als »Alexandras neuste Schnapsidee« ab, und der älteste Sohn weigerte sich strikt, darüber ernsthaft mit der Mutter zu sprechen. »Die spinnt doch! Am Ende will sie sich wohl auch noch zu einem Mann umbauen lassen und macht unsere ganze Familie zum Gespött der Umgebung«, meinte er, als Frau Krohn wieder einmal versuchte, ernsthaft mit ihm darüber zu sprechen.

Nur der jüngere Sohn zeigte Verständnis für Alexandra. Er habe sich schon seit einiger Zeit gefragt, ob die Schwester vielleicht transsexuell sei. »Und wie bist du auf diese Idee gekommen?«, fragte die Mutter ihn erstaunt. »Ich habe vor ein paar Monaten eine Fernsehsendung angeschaut, in der es um Transsexualität ging. Da waren Transfrauen – das sind Männer, die sagen, dass sie Frauen sind«, erklärte er der Mutter, »und Transmänner, die, wie Alexandra, sagen, dass sie keine Frauen, sondern Männer sind. Da ist es mir wie Schuppen von den Augen gefallen, dass es bei Alexandra genauso sein könnte.« »Das alles ist für mich völliges Neuland«, meinte Frau Krohn nachdenklich. »Wenn Alexandra lesbisch wäre, wüsste ich schon, worum es ginge. Aber transsexuell – damit kenne ich mich gar nicht aus.« »Ich suche dir mal Informationen im Internet heraus«, beruhigte der Sohn sie.

Wenige Tage später brachte er der Mutter etliche ausgedruckte Seiten mit, die über das Phänomen Transsexualität, die Schritte der Angleichung an das andere Geschlecht, über das Leben von Transfrauen und Transmännern nach der Transition und vieles mehr informierten. Dadurch erfuhr Frau Krohn, dass es eine keineswegs kleine Zahl von Menschen gebe, die transsexuell seien, wobei heute statt des Begriffs »Transsexualität« eher die Bezeichnung »Transidentität« verwendet werde, dass Transsexualität nichts mit einer psychischen Krankheit zu tun habe. Es gab Erklärungen, wie die körperliche Angleichung an das andere Geschlecht mittels Hormone und operativer Maßnahmen erfolge, dass Transmänner im Allgemeinen ein sehr gutes »Passing« hätten, womit die Anpassung an die neue Rolle gemeint war, und dass das Leben in der neuen Rolle keineswegs mit großen Problemen verbunden sei.

Diese Informationen beruhigten Frau Krohn sehr, hatte sie doch angenommen, Transidentität sei Ausdruck einer psychischen Erkrankung, und befürchtet, dass Alexandra ihren Körper »verunstalten« ließe – das war zumindest ihre Vorstellung von der hormonellen und chirurgischen Behandlung gewesen – und später ein unglückliches Leben führen würde, ja diesen Schritt Jahre später vielleicht sogar bereuen würde.

Durch die Informationen, die der Sohn ihr geliefert hatte, durch ein Buch über Transidentität, das Alexandra ihr gab, und durch viele Gespräche mit der Tochter, die, wie sich dabei herausstellte, inzwischen bestens über Transidentität informiert war, gelang es Frau Krohn nach und nach, Alexandras Transidentität besser zu verstehen und zu akzeptieren. Je sicherer sie sich fühlte, desto besser konnte sie auch ihrem Mann und dem ältesten Sohn vermitteln, dass es der Tochter mit der Überzeugung, ein Mann zu sein und den Körper dem männlichen Geschlecht angleichen lassen zu wollen, ernst war und dass auch der Vater und die Brüder Alexandras Transidentität akzeptieren müssten.

So positiv die Informationen zwar waren, die der jüngere Sohn und Alexandra der Mutter lieferten – die Situation selbst war es letztlich aber nicht. Zumindest stellte der älteste Sohn einiges von dem in Frage, was die beiden anderen Kinder der Mutter vermittelt hatten. »Ich glaube, die beiden haben dir nur die positiven Seiten des Transseins gezeigt«, meinte er eines Tages. »Haben sie denn nicht erwähnt, dass Transsexualität in den internationalen medizinischen Diagnosekatalogen nach wie vor als psychische Krankheit, als Störung der Geschlechtsidentität, also sogar als schwere Störung, geführt wird? Und dass das Passing der Transmänner, was ihr Aussehen angeht, zwar ganz gut sein mag, dass die sonstige körperliche Angleichung an das männliche Geschlecht, vor allem die Phalloplastik, oft mit Komplikationen verbunden ist und letztlich nicht befriedigend herauskommt? Und haben sie dir nicht gesagt, dass in den Trans-Foren im Internet längst nicht alle Transmenschen berichten, dass sie sich später glücklich fühlen? Ich habe mich mal im Internet umgeschaut und erfahren, dass viele Transmenschen nach der Transition sozial diskriminiert werden, in ihren Familien und im Beruf Probleme haben und ihr Leben nicht so rosig ist, wie Alexandra es sich vorstellt.«

Diese Informationen, die Frau Krohn vom ältesten Sohn erhielt, verunsicherten sie sehr, standen sie doch in krassem Gegensatz zu dem, was der jüngere Sohn und Alexandra ihr berichtet hatten. »Lass dich davon doch nicht völlig durcheinanderbringen«, versuchte Alexandra sie zu beruhigen, als die Mutter ihr von ihrer Verunsicherung erzählte. »Er hat dir die negativsten Berichte herausgesucht, die man finden kann. Natürlich erscheint Transidentität immer noch in den Diagnosekatalogen der psychischen Erkrankungen. Aber das wird sich sicher bald ändern, da immer mehr Fachleute, die viel Erfahrung mit Transmenschen haben, zur Ansicht gelangen, dass Transidentität eine Identität wie andere auch ist und selbst nichts mit psychischer Gesundheit oder Krankheit zu tun hat. Und klar gibt es Transmenschen, die sich später nicht total glücklich fühlen und über Diskriminierungen klagen.«

»Es kommt aber sehr darauf an«, fuhr Alexandra fort, »wie man als Transmensch mit solchen Situationen umgeht. Deshalb bin ich ja seit einiger Zeit bei einem Psychologen, der den Prozess meiner Transition begleitet. Mit ihm bespreche ich, was ich realistischerweise von der hormonellen und chirurgischen Behandlung erwarten darf und wie ich mit Diskriminierungen, die ich vielleicht im Alltag erleben werde, am besten umgehen kann. Außerdem zeigen Studien an Transmenschen, dass diejenigen von uns, die einen guten Stand im Beruf haben, nach der Transition im Allgemeinen keine großen Probleme haben.« Alexandra war in einen solchen Eifer geraten, dass die Worte nur so aus ihr hervorsprudelten. »Und schließlich bleibe ich doch die gleiche Person, die ich immer war! Innerlich war ich immer Alex, auch wenn mein Körper weiblich aussieht und ihr mich als Alexandra wahrgenommen habt«, schloss sie, sichtlich außer Atem.

Frau Krohn sah der Zukunft nun wieder positiver entgegen. Vor allem beruhigte sie, dass Alexandra vor einiger Zeit einen mit Transidentität erfahrenen Psychologen aufgesucht hatte, der den Transitionsprozess begleitete. Er führte auch einige Sitzungen mit der ganzen

Familie durch, um die Probleme zu besprechen, die für die Eltern und die Brüder von Bedeutung waren. Dies betraf zum Beispiel den Umgang mit Alexandra in der Familie. So wollte sie von den Familienmitgliedern nun mit dem männlichen Namen »Alex« und nicht mehr mit »Alexandra« angesprochen werden.
Außerdem ging es bei Beginn der hormonellen Behandlung darum, dass nicht nur Alex, sondern alle Familienmitglieder einen Coming-out-Prozess durchlaufen mussten. Spätestens in dem Moment, in dem Alex sichtbar männlich wurde (durch das Testosteron hervorgerufener Bartwuchs und Stimmbruch), sahen sich die Eltern mit der Notwendigkeit konfrontiert, den weiteren Familien- und Freundeskreis über die Transidentität von Alex zu informieren, das heißt sich selbst als Eltern eines Transmannes zu outen.
In ähnlicher Weise mussten auch die Brüder ihren Freundinnen und Freunden, die Alex kannten, mitteilen, dass »Alexandra« nun »Alex« sei und in Zukunft als Mann leben werde. Der älteste Bruder tat sich in Anbetracht seiner prinzipiell kritischen Einstellung gegenüber »Alexandras Transsexualität« – er weigerte sich während etlicher Monate strikt, die Schwester mit »Alex« anzusprechen und statt »Transsexualität« den Begriff »Transidentität« zu verwenden – mit seinem Coming-out als Bruder eines Transmannes in seinem Freundeskreis sehr schwer. Den meisten Bekannten gegenüber verheimlichte er Alex' Transidentität. Wenn er von anderen, die davon erfahren hatten, darauf angesprochen wurde, antwortete er ausweichend mit wenigen Worten, so dass den Gesprächspartnern klar war, dass er keine Diskussion darüber führen wolle.
Anders hingegen gingen die Eltern und der jüngere Bruder mit Alex' Transidentität um. Auch sie erlebten zwar mitunter bange Momente, in denen sie ins Stottern gerieten, wenn sie sich mit Familienangehörigen oder Bekannten auseinandersetzen mussten, die Alex' Weg höchst kritisch gegenüberstanden. Mehrheitlich erlebten sie aber große Solidarität und Verständnis, auch von Menschen, von denen sie es nicht erwartet hatten. »Das ist auch meine eigene Erfahrung«, sagte Alex in einem Gespräch mit den Eltern. »Viele Menschen wissen gar nicht recht, was Transidentität ist. Wenn ich es ihnen erkläre, werden sie meist ziemlich nachdenklich, und viele

sagen schließlich, dass sie meinen Mut bewundern, konsequent meinen Weg zu gehen, um endlich so leben zu können, wie ich innerlich bin.«

Wie im Beispiel der Familie Krohn ist beim ersten Zusammentreffen mit dem Phänomen Transidentität im Allgemeinen die Irritation zunächst groß. Dies gilt vor allem für die Angehörigen von Transmenschen, aber auch Arbeitskolleginnen und -kollegen, für Vorgesetzte und Menschen aus dem Freundes- und Bekanntenkreis. Sie alle müssen sich – vielleicht erstmals in ihrem Leben – mit dem Phänomen »Transidentität« auseinandersetzen und, im positiven Fall, akzeptieren, dass bei Transmenschen das biologische Geschlecht und die Identität nicht übereinstimmen und viele von ihnen eine körperliche Angleichung an das andere Geschlecht anstreben. Im dargestellten Beispiel haben Frau Krohn und der jüngere Sohn damit weniger Probleme, während der Vater und vor allem der älteste Sohn sich damit ausgesprochen schwertun.

Für Sie als Angehörige oder Freund eines Transmenschen ist diese *erste Phase Ihres Coming-out, das Wahrnehmen und Akzeptieren der Transidentität Ihrer/s Angehörigen,* nicht nur deshalb schwierig, weil Sie sich bisher nie ernsthaft mit dem Thema Transidentität auseinandergesetzt haben und durch die Auflösung der Geschlechterkoordinaten irritiert sind. Möglicherweise taucht in Ihnen auch die Frage auf, ob Transidentität nicht eine psychische Krankheit ist und einer Therapie bedürfe. In dieser Auffassung können Sie unter Umständen bestärkt werden, wenn Sie sich, wie der älteste Sohn der Familie Krohn, im Internet kundig machen und dort neben positiven Darstellungen auch ausgesprochen negative Berichte von Transidenten finden, die ihr Schicksal als sozial ausgegrenzte Menschen beklagen oder über unzureichende Operationsresultate berichten. Oder Sie erfahren bei Eingabe des Stichworts »Transsexualität« in den Suchmaschinen, dass diese in den internationalen medizinischen Diagnosesystemen der ICD und des DSM als »Störung der Geschlechtsidentität« aufgeführt wird, d. h. als schwere psychische Erkrankung, die den Kern der Persönlichkeit solcher Menschen betreffe.

Solche negativen Hinweise werden Sie als Eltern, Geschwister, Großeltern, Freundinnen und Freunde sowie als Arbeitskolleginnen und Kollegen – wie im Beispiel Frau Krohn – zweifellos verunsichern und Ihnen die Akzeptanz der Transidentität Ihres Verwandten oder Bekannten schwer machen. Auf der einen Seite kennen Sie Ihre Tochter, Schwester oder Arbeitskollegin seit Jahren als eine integre, im Beruf erfolgreiche und sozial kompetente Persönlichkeit und sind nie auf die Idee gekommen, sie könnte psychisch krank sein. Auf der anderen Seite aber haben Sie nun von ihrer Transidentität gehört und erfahren, vielleicht auch im Gespräch mit Fachleuten, dass es sich dabei um eine psychische Störung handle.

Die Situation wird nochmals schwieriger, wenn solche die Transidentität pathologisierenden medizinischen und psychologischen Darstellungen Ihre eigenen geheimen Ängste treffen. Vielleicht haben Sie selbst sich ja auch schon gefragt, ob es nicht krankhaft ist, dass ein biologischer Mann sagt, er sei eine Frau, bzw. eine biologische Frau von sich sagt, sie sei ein Mann. Und nun erfahren Sie im Internet durch den Artikel einer Fachperson, dass die Transidentität offiziell als psychische Erkrankung gilt!

Und haben Sie sich nicht selbst schon Sorgen darüber gemacht, der Ihnen privat oder beruflich nahestehende Transmensch könne sozial ausgegrenzt werden und am Ende vielleicht sogar die hormonelle und chirurgische Angleichung an das andere Geschlecht bereuen? Sind die negativen Selbstschilderungen von Transfrauen und Transmännern, wie der älteste Sohn der Familie Krohn sie im Internet gefunden hat, nicht Bestätigung dieser Ihrer Ängste? Was, wenn Ihre Tochter nach all den irreversiblen Eingriffen plötzlich zur Einsicht käme, sie sei doch kein Mann? Oder Ihr Sohn seinen Körper dem einer Frau angleichen ließe und später merkte, dass er doch keine Frau ist? Sie haben sich dies vielleicht gar nicht vorzustellen gewagt und haben derartige Gedanken bisher vielleicht erfolgreich verdrängt. Durch die Lektüre negativer Erfahrungsberichte sind sie nun aber wieder lebendig geworden und drängen sich Ihnen mit großer Intensität auf.

Eine Unsicherheit, die mitunter bei Transmenschen selbst, zumindest vorübergehend, oft aber auch bei Angehörigen und Freunden auftaucht, ist die, ob es denn nicht eigentlich um Homosexualität gehe.

Die Bekannte von Frau Krohn vermutet dies ja, und auch Frau Krohn geht davon aus, dass Alexandra lesbisch ist, als die Tochter ihr davon berichtet, dass sich ihr Begehren auf Frauen richte. Natürlich müssen Transmenschen klären – und dabei kann ihnen die psychotherapeutische Begleitung behilflich sein –, ob es bei ihnen um eine von ihnen selbst nicht akzeptierte Homosexualität oder um Transidentität geht.

In der Regel stellt sich aber, wie bei Alex Krohn, der sich ja auch zunächst gefragt hatte, ob er vielleicht lesbisch sei, schnell heraus, dass es nicht um eine gleichgeschlechtliche Orientierung, sondern um Transidentität geht. Wenn die Menschen der Umgebung die Vermutung, die Person sei doch vielleicht homosexuell, äußern, tun sie es im Allgemeinen, weil Homosexualität ihnen als das *kleinere Übel* erscheint, sind damit doch keine hormonellen und chirurgischen Behandlungen verbunden. Vielleicht besteht sogar die heimliche Hoffnung, Homosexualität ließe sich leichter beseitigen – was allerdings eine Fehlannahme ist und eine Diskriminierung homosexueller Menschen darstellt – und sei kein so großes soziales Stigma wie »Transsexualität«. Auch diese Ansicht ist eine Diskriminierung von Transmenschen.

Bei Ihrer Auseinandersetzung mit dem Thema Transidentität kann in Ihnen auch die Sorge auftauchen und durch die Reaktionen der Umgebung noch verstärkt werden, das Leben Ihres Angehörigen als Transfrau oder Transmann könne sehr schwierig werden. Vielleicht hat Ihr Sohn bzw. Ihre Tochter oder Ihre Freundin bzw. Ihr Freund diese Bedenken beim Gespräch über seine/ihre Transidentität zerstreuen und Sie – wie im Beispiel Alex Krohn – überzeugen können, dass sie bzw. er damit fertigwerden kann. Doch nun, da Sie von negativen Lebensläufen im Internet oder in den Medien hören, sind diese alten Ängste wieder da und verunsichern Sie zutiefst. »Dann hatte ich also doch recht mit meinen Befürchtungen«, mögen Sie in einem solchen Moment denken, »und habe mich zu Unrecht von meinem transidenten Angehörigen oder Kollegen beruhigen lassen. Wahrscheinlich täuscht er sich ja selbst über den Ernst seiner Lage hinweg« – was Ihre Sorgen noch größer werden lässt.

Diese und andere ähnliche Gedanken und Gefühle werden in Ihnen auftauchen und die erste Phase (Gewahrwerden und Akzeptieren der Transidentität) Ihres Coming-out als Angehöriger oder Freundin eines

Transmenschen schwierig machen. Um das eigene Coming-out erfolgreich durchlaufen zu können, ist es wichtig, dass Sie sich mit diesen Gefühlen auseinandersetzen und die zum Teil widersprüchlichen Informationen, die von verschiedenen Seiten an Sie herangetragen werden, kritisch betrachten.

Vielleicht kann es Ihnen in diesem Prozess eine Hilfe sein, sich immer wieder zu vergegenwärtigen, dass Ihr Angehöriger oder Ihre Kollegin durch die Mitteilung, transident zu sein, ja keine andere Person geworden ist. Wie Alex Krohn es der Mutter gegenüber formuliert, bleibt er die gleiche Person, die er immer war. Das heißt: Auch Ihr Kind oder Ihre Freundin bleibt die gleiche Person, die Sie kennen und schätzen. Nur ist dadurch, dass Sie jetzt wissen, dass sie eine Transfrau oder ein Transmann ist, eine neue Facette hinzugekommen. Indem sie Ihnen dies mitgeteilt hat, hat sie Ihnen ihr Vertrauen gezeigt und lässt Sie an ihrem weiteren Lebensweg teilnehmen.

Ist dieser erste Schritt in Ihrem Coming-out bereits schwierig genug, so kann der *zweite Schritt, das Hinaustreten mit der Information, dass Ihr Angehöriger transident ist,* nochmals größere Probleme für Sie mit sich bringen. Unweigerlich werden Sie beispielsweise mit der Frage konfrontiert werden, *warum* Ihre Tochter oder Ihr Sohn, Ihre Schwester oder Ihr Bruder transident sind. Sie werden vielleicht von Verwandten und Bekannten bedauert, dass Sie ein »so schwer krankes« Familienmitglied haben. Als Teamleiter wird Ihnen möglicherweise von Kolleginnen und Kollegen oder von Vorgesetzten die Frage gestellt, ob die betreffende Transfrau oder der Transmann überhaupt weiterhin an der bisherigen Stelle wird arbeiten können.

Alle diese Kommentare und Zweifel berühren unter Umständen Sorgen, die Sie sich bereits selbst gemacht haben, und werfen Fragen auf, die Sie sich selbst nicht beantworten können und die Ihre eigene Unsicherheit nochmals verstärken. Insofern kann die zweite Phase Ihres Coming-out als Angehöriger oder Freundin eines Transmenschen, ähnlich wie für die Transfrau bzw. den Transmann selbst, zu einer schwierigen Zeit werden.

Wie das Beispiel der Familie Krohn zeigt, gehen Angehörige mit dieser Situation oft völlig unterschiedlich um. Während der älteste Sohn sich mit ihr äußerst schwertut, Alex' Transidentität in seinem Freundeskreis möglichst verheimlicht und, wenn darauf angesprochen, mit knappen, ausweichenden Kommentaren schnell über dies ihm unangenehme Thema hinwegzugehen versucht, haben die Mutter und der jüngere Bruder mit der zweiten Phase ihres Coming-out als Angehörige eines Transmannes wesentlich weniger Probleme. Sie haben sich in der ersten Phase ihres Coming-out (dem Gewahrwerden und der Akzeptanz der Transidentität) intensiv mit diesem Thema auseinandergesetzt und sich ein differenziertes Bild von dem gemacht, was Transidentität für einen Menschen bedeutet und wie der Transitionsprozess verläuft.

Auf diese Weise haben sie die innere Sicherheit gewonnen, die sie brauchen, um den Mut zu entwickeln, sich Verwandten und Bekannten gegenüber als Eltern und Bruder eines Transmannes zu outen. Der Vater im Beispiel der Familie Krohn hat zwar zunächst, ähnlich wie der älteste Sohn, einige Probleme, Alex' Transidentität zu akzeptieren. Aber es gelingt ihm im Laufe der Zeit mehr und mehr, so dass auch er schließlich hinter Alex steht und, wenn auch häufig noch mit etwas »mulmigen« Gefühlen, mit anderen über die Transidentität »des Sohnes«, wie auch er Alex nun bezeichnet, sprechen kann.

Oft werden Sie beispielsweise als Eltern oder Geschwister bei der Mitteilung, Ihr Familienmitglied sei transident, bei sich Schamgefühle wahrnehmen und das Bedürfnis spüren, diese Information eigentlich zurückhalten zu wollen. Der älteste Sohn der geschilderten Familie Krohn ist ein Beispiel dafür. Vielleicht schämen Sie sich in solchen Momenten auch dieser Gefühle und Gedanken. Indem Ihr Kind sich aber im privaten wie beruflichen Bereich outet, zwingt es Sie letztlich, mit ihm zusammen weitere Coming-out-Schritte zu machen, obwohl Sie noch mit der ersten Coming-out-Phase, der Akzeptanz der Transidentität, zu kämpfen haben. In einer solchen Situation ist es wichtig, dass Eltern und transidente Kinder ihr Coming-out aufeinander abstimmen und bereit sind, diese Schritte gemeinsam zu tun.

Wie das Beispiel der Familie Krohn zeigt, ist es wichtig, dass Sie sich als Angehöriger oder Freundin eines Transmenschen in der ersten Phase Ihres Coming-out, in der Sie sich mit der Transidentität des Ihnen nahestehenden Menschen auseinandersetzen und sie schließlich akzeptieren, *Zeit lassen und sich umfassend über Transidentität informieren.* Gewiss mag dies mitunter für Sie emotional zu einer Berg- und Talfahrt werden, wenn Sie im Internet oder durch Berichte in den Medien die widersprüchlichsten Informationen erhalten. Im Beispiel wird Frau Krohn ja auch durch die negativen Berichte, die der älteste Sohn ihr liefert, total verunsichert, nachdem sie zuvor doch durch die Informationen, die sie von Alexandra und dem jüngeren Sohn erhalten hatte, einigermaßen beruhigt gewesen war.

In einer solchen Situation sind zwei Dinge wichtig:

Erstens: Wenden Sie Ihren gesunden Menschenverstand an, und unterziehen Sie die Informationen, die Sie erhalten, einer kritischen Prüfung. Vor allem ist es wichtig, dass Sie zwischen den Erkenntnissen, die sich auf Studien mit größeren Zahlen von Transmenschen stützen, und ganz persönlichen Berichten aufgrund individueller Schicksale unterscheiden. Wie ich in Kapitel 2 betont habe, gibt es *die typische* Lebensgeschichte und Persönlichkeit von Transmenschen nicht. Deshalb können Sie einen persönlichen Bericht, den eine Transfrau oder ein Transmann im Internet veröffentlicht, nicht ohne weiteres auf Ihre Transangehörige anwenden.

Zweitens: Vergessen Sie nicht, dass Sie Ihr Kind oder Ihre Freundin doch bestens kennen und diese Person sich in ihrem Wesen nicht durch die Mitteilung, transident zu sein, ändert. Durch die Angleichung des Körpers an das Geschlecht, das der Transmensch innerlich schon seit eh und je ist, entspannt sich die Situation für ihn und er fühlt sich nun endlich »ganz« und »identisch« mit sich selbst. Aber er ändert sich nicht. Deshalb müssen Sie sich eigentlich keine großen Sorgen um Ihre Angehörigen oder Ihren Freund machen. Wenn er bisher sein Leben »im Griff« gehabt hat, wird das auch in Zukunft so sein. Sie können ihm dabei eine große Hilfe sein, indem Sie hinter ihm stehen und ihn bei den Schritten, die er auf seinem Weg macht, unterstützen.

Auch als Freundin oder Freund, als Kollegin oder Kollege sowie als Vorgesetzte/r von Transmenschen durchlaufen Sie eine ähnliche zweite Coming-out-Phase wie die Angehörigen. Auch Sie müssen nach der Akzeptanz der Transidentität dem weiteren privaten oder beruflichen Umfeld nun vermitteln, dass der betreffende Mann eine Transfrau bzw. die betreffende Frau ein Transmann ist und zu Ihrem Freundes- und Bekanntenkreis gehört oder mit Ihnen zusammenarbeitet.

Was den *Freundeskreis* betrifft, ist dies im Allgemeinen kein so schwieriger Prozess, wie ihn etwa Eltern und andere nahe Angehörige durchlaufen. Aber auch Ihnen als Freund einer Transfrau kann es passieren, dass Sie sich aus Ihrem Freundeskreis mit kritischen Fragen bezüglich dieses Menschen konfrontiert sehen. Unter Umständen geraten Sie sogar in die Defensive, indem Sie begründen sollen, warum Sie mit »einer solchen Person« befreundet sind. Oder Sie spüren bei Einladungen, dass einige Ihrer Gäste zögern, Ihre Einladung anzunehmen, wenn »der« auch kommt. Oder Sie erleben bei einer Einladung von Seiten einiger Gäste eine deutliche Distanzierung »ihm« gegenüber. Zu der Diskriminierung des Transmenschen durch ein solches Verhalten kommt hinzu, dass die Formulierung »er« eine weitere Verletzung der Transfrau darstellt, die in der weiblichen Rolle lebt und selbstverständlich als Frau angesprochen werden soll. In solchen Momenten können Sie etwas von dem spüren, was es für Transmenschen bedeutet, ausgegrenzt zu werden.

Ähnlich kann es Ihnen im *beruflichen Bereich* ergehen, wenn Ihnen Ihre Kolleginnen und Kollegen oder Ihre Vorgesetzten kritische Fragen in Bezug auf Ihre Transmitarbeiterin bzw. Ihren Transmitarbeiter stellen. Auch hier können Sie sich unversehens in die Defensive gedrängt sehen, indem Sie beispielsweise begründen sollen, ob »solch eine Person« weiterhin im Publikumsverkehr »tragbar« sei. Oder Sie werden neugierig gefragt, wie es denn sei, mit »so jemandem« zusammenzuarbeiten, oder ob die Leistungsfähigkeit nicht durch den Wechsel in die neue Rolle gelitten habe usw.

Viele der Vorurteile, mit denen Transmenschen sich konfrontiert sehen und mit denen sie sich auseinandersetzen müssen, werden in dieser Phase Ihres Coming-out als Mitarbeiter oder Freundin eines Transmenschen nun auch Ihnen gegenüber geäußert. Und ähnlich wie die Transmenschen selbst, werden auch Sie vielleicht spüren, dass es Mut braucht, Solidarität mit der betreffenden Transfrau oder dem betreffenden Transmann zu zeigen und die Vorurteile ihr oder ihm gegenüber als solche zu benennen und zurückzuweisen.

Unter Umständen werden Sie sich selbst sogar voller Scham eingestehen müssen, dass Sie vor allem zu Beginn Ihres Coming-out-Prozesses mitunter bei kritischen Kommentaren über Transmenschen geschwiegen haben, weil Sie meinten, keine überzeugenden Argumente zu haben, um die Vorurteile entkräften zu können. Oder Sie haben es einfach nicht gewagt, den abwertenden Bemerkungen über Transmenschen offen entgegenzutreten. Gewiss ändert sich dies im Allgemeinen im Laufe der Zeit, und Sie werden wahrnehmen, dass Sie in dieser Hinsicht mutiger werden und sich in Ihrer Argumentation zunehmend sicherer fühlen.

Seien Sie deshalb nicht zu streng mit sich, und verstehen Sie diese Entwicklung als einen Reifungsprozess, den Sie, ähnlich wie Transmenschen selbst, durchlaufen. Zunehmend wird Ihre anfängliche Befangenheit und Unsicherheit einer souveränen Haltung gegenüber der Transidentität Platz machen, und Sie werden schließlich – vielleicht zu Ihrem eigenen Erstaunen – feststellen, dass Transidentität für Sie zu etwas Selbstverständlichem geworden ist und es für Sie keine Rolle mehr spielt, ob eine Freundin eine biologische Frau oder eine Transfrau bzw. ein Freund ein biologischer Mann oder ein Transmann ist.

Auf den Punkt gebracht

- Gerade Angehörige tun sich mitunter schwer, in einem ersten Schritt ihres Coming-out die Transidentität eines Familienmitglieds zu akzeptieren. In diesem Fall haben sie auch mit dem zweiten Schritt in ihrem Coming-out Probleme, wenn es darum geht, sich gegenüber anderen Familienmitgliedern und Freunden als Eltern und Geschwister eines Transmenschen zu outen.
- Unter Umständen werden Sie durch negative Berichte über Transmenschen und kritische Äußerungen Ihrer Umgebung verunsichert, und Sie machen sich Sorgen um die Ihnen nahestehende Transperson.
- Vergessen Sie nicht, dass Ihr Kind die gleiche Person bleibt, die es immer war, unabhängig davon, ob es als Frau oder Mann lebt.
- Informieren Sie sich so umfassend wie möglich über Transidentität, und fragen Sie vor allem den Ihnen nahestehenden Transmenschen selbst. Er ist der eigentliche Experte und kann Ihnen Antwort auf viele

Ihrer Fragen geben. Auf diese Weise können Sie den ersten Schritt in Ihrem Coming-out als Angehörige/r (Akzeptieren der Transidentität Ihres Familienmitglieds) erfolgreich bewältigen.

- Mit sachlich fundierter Information gelingt Ihnen dann auch der zweite Schritt in Ihrem Coming-out, das Hinaustreten als Angehörige/r eines Transmenschen, wesentlich besser.
- Gestehen Sie sich zu, dass bei diesem zweiten Schritt, vor allem zu Beginn, oft Gefühle der Unsicherheit, der Angst und der Scham in Ihnen auftauchen. Je »routinierter« Sie mit der Mitteilung der Transidentität Ihrer/s Angehörigen werden, desto mehr werden diese Gefühle verschwinden.
- Auch als persönliche Freundin oder Freund sowie als Kollegin oder Kollege im beruflichen Bereich durchlaufen Sie einen ähnlichen Coming-out-Prozess und geraten mitunter in die Situation, sich und die Ihnen nahestehende Transperson gegen kritische und entwertende Äußerungen Dritter verteidigen zu müssen.

6. Kann ein Coming-out am Arbeitsplatz überhaupt gelingen?

Als Angehörige, aber auch als Kollege und Mitarbeiterin wird Sie, wie Transmenschen selbst, sicher die Frage beschäftigen, ob es nach dem Rollenwechsel möglich sein wird, weiterhin die bisherige berufliche Tätigkeit auszuüben. Wird es von Seiten der Vorgesetzten nicht heißen, »so« sei die Transfrau bzw. der Transmann nicht mehr »tragbar«? Man habe zwar keine Vorbehalte der Transidentität gegenüber und verstehe, dass Transmenschen sich in einer schwierigen Situation befänden. Aber man müsse auch Rücksicht auf die Kundinnen und Kunden nehmen und könne nicht das Risiko eingehen, diese »vor den Kopf zu stoßen«, unter Umständen sogar mit der Konsequenz, dass sie die Angebote der Firma nicht mehr in Anspruch nähmen.

Oder besteht nicht die Gefahr, dass die Transidentität zum Anlass genommen wird, einen missliebigen Mitarbeiter mit derartigen Argumenten loszuwerden? War der Chef diesem Mitarbeiter gegenüber nicht schon immer ablehnend eingestellt, und hat er ihm nicht von jeher das Leben schwer gemacht, wo immer er konnte? Da muss ihm das Argument, als Transfrau sei dieser Mitarbeiter nicht mehr »tragbar«, doch sehr gelegen kommen, um ihn endlich entlassen zu können.

Diese und ähnliche Gedanken mögen Sie als Elternteil oder Freund/in von Transmenschen bewegen und beunruhigen. Vielleicht werden Sie die Transfrau oder den Transmann sogar ausdrücklich davor warnen, ein Coming-out am Arbeitsplatz ins Auge zu fassen, stellt doch die berufliche und damit auch die finanzielle Sicherheit eine der wichtigsten Bedingungen des sozialen Lebens dar. Und diese soll auf Spiel gesetzt werden, »nur« um nun auch an der Arbeitsstelle als Frau bzw. als Mann auftreten zu können? Würde es nicht ausreichen, gelegentlich in der Freizeit den Rollenwechsel vorzunehmen?

Dies mögen durchaus gut gemeinte und auch logisch erscheinende Ratschläge sein. Sie entsprechen aber im Allgemeinen nicht den Vorstellungen von Transmenschen, die in allen Lebensbereichen in der ihrer Identität entsprechenden Rolle auftreten möchten. Außerdem wird die Forderung, Transmenschen sollten im sogenannten Alltagstest (vgl. Kapitel 2) 24 Stunden am Tag in der angestrebten Rolle leben, auch von den Fachleuten, die den Prozess der Angleichung an das andere Geschlecht begleiten, an Transmenschen herangetragen. So wird beispielsweise der Beginn der Behandlung mit gegengeschlechtlichen Hormonen zum Teil davon abhängig gemacht, ob der Alltagstest auch am Arbeitsplatz konsequent durchgeführt wird.

Angesichts dieser Bedingungen, die von den Fachleuten gestellt werden, welche den Prozess der Angleichung an das andere Geschlecht begleiten, haben die meisten Transmenschen gar keine Wahl, ob und wann sie ihr Coming-out am Arbeitsplatz in Angriff nehmen wollen, sondern sind gezwungen, auch im Berufsleben in der ihrer Identität entsprechenden sozialen Rolle zu leben. Indem Sie als Elternteil, Angehöriger oder Freundin Ihre Bedenken und Sorgen äußern, verunsichern Sie möglicherweise die Transfrau bzw. den Transmann und verstärken deren eigene Ängste. Denn Angst empfinden letztlich alle Transmenschen, wenn sie sich damit beschäftigen, dass sie sich am Arbeitsplatz outen wollen.

Auch Lesben und Schwule erleben ähnliche Ängste. Nur können sie ihr Coming-out schrittweise vollziehen, indem sie zunächst einigen wenigen, ihnen besonders vertrauten Menschen von ihrer Homosexualität berichten und dann Schritt für Schritt einen größeren Kreis von Verwandten und privaten wie beruflichen Bekannten informieren. Transmenschen ist ein solches schrittweises Vorgehen nicht möglich. In dem Moment, in dem sie in der Kleidung des anderen Geschlechts auftreten, ist allen klar, dass es um Transidentität geht.

Weil das Coming-out am Arbeitsplatz von einem Tag auf den anderen erfolgt, müssen Transmenschen ihr Vorgehen ganz besonders sorgfältig planen. Dies ist zum einen sicher Thema in der begleitenden Psychotherapie. Zum anderen können aber auch Sie als Elternteil, Bruder, Schwester oder Freund/in der Transfrau bzw. des Transmannes dabei behilflich sein. So können Sie beispielsweise mit dem Ihnen bekannten Transmenschen das Pro und Kontra eines Coming-out am Arbeitsplatz diskutieren und versuchen, gemeinsam eine möglichst realistische Einschätzung der beruflichen Situation und des mit dem Coming-out verbundenen Risikos zu gewinnen.

Im Fall übergroßer Ängste der Transfrau bzw. des Transmannes können Sie diese vielleicht ein Stück weit relativieren, indem Sie die betreffende Person an ihre bisherigen beruflichen Erfolge, ihre sozialen Kompetenzen und ihre Lebenserfahrung erinnern. Denn selbstverständlich bleiben die beruflichen Fähigkeiten nach dem Rollenwechsel die gleichen wie vorher. Meist wird die Leistungsfähigkeit sogar größer, weil die Kraft, die vorher für die Verheimlichung gebraucht wurde (»Verheimlichungsstress«, vgl. Kapitel 2), nun freigesetzt ist und für eine konstruktive Lebensgestaltung genutzt werden kann.

In derartigen Diskussionen kann es allerdings immer nur darum gehen, miteinander die Situation so realistisch wie möglich einzuschätzen. Die letzte Entscheidung über das sinnvolle Vorgehen beim Coming-out am Arbeitsplatz liegt aber bei der Transfrau und dem Transmann selbst. Nur sie kennen die Situation in der Firma und die Stimmung im Team genau und müssen außerdem ihr Vorgehen davon abhängig machen, wie sicher sie sich in ihrer neuen Rolle fühlen. Es macht zwar Sinn, Transmenschen zu ihrem Coming-out zu ermuntern. Es ist jedoch keineswegs hilfreich, sie zu Schritten zu drängen, denen sie sich noch nicht gewachsen fühlen.

Meine eigene Erfahrung aus der jahrzehntelangen Begleitung von Transmenschen zeigt mir, dass es Berufe und Positionen im Erwerbsleben gibt, in denen ein Coming-out im Allgemeinen kein großes Problem darstellt. Je qualifizierter beispielsweise eine Transfrau ist und je sicherer sie beruflich »im Sattel sitzt«, desto weniger ist mit massivem Widerstand von Seiten der Vorgesetzten und Mitarbeitenden zu rechnen.

Aber auch diese Erfahrung gilt nicht in jedem Fall. So kann es etwa für selbstständig Erwerbstätige schwierig sein einzuschätzen, wie ihre Klientinnen und Klienten reagieren werden, wenn ihr Rechtsanwalt Hans Meier ihnen eröffnet, dass er ab morgen Susanne Meier sein wird. Oder stellen Sie sich die Ärztin in einer allgemeinmedizinischen Praxis in einer Kleinstadt vor, die ihren Patientinnen und Patienten mitteilt, dass sie ab morgen nicht mehr von Frau Dr. Meißen, sondern von Herrn Dr. Meißen behandelt werden. Das Coming-out dieser Transmenschen beinhaltet das Risiko, damit unter Umständen ihre beruflich-finanzielle und soziale Sicherheit erheblich zu gefährden.

Ganz ausdrücklich kann es für Transmenschen zu Problemen am Arbeitsplatz in Berufen kommen, die stark männerdominiert sind, vor allem für Transfrauen im Bereich handwerklicher und technischer Tätigkeiten. Hier haben es schon biologische Frauen schwer, Fuß zu fassen. Der Wechsel eines biologischen Mannes zur Transfrau ist aber in dieser Umgebung zumeist äußerst schwierig. Im Allgemeinen wird sich die betreffende Transfrau nach einer anderen, weniger männerdominierten beruflichen Tätigkeit umschauen und sich unter Umständen sogar umschulen lassen müssen. Aber auch diese Erfahrung gilt nicht in jedem Fall. So kann beispielsweise der Wechsel eines biologischen Mannes zur Transfrau im Polizeidienst, bei der Feuerwehr, in technischen Diensten von Großunternehmen und ähnlichen Institutionen durchaus erfolgreich verlaufen.

Ihr Beitrag als Elternteil, Angehörige, Freund oder Kollegin von Transmenschen kann angesichts dieser oft schwer einschätzbaren Situation am Arbeitsplatz weder sein, die betreffende Transperson zu einem konsequenten Coming-out zu drängen noch ihr dringend davon abzuraten. Sie helfen der Transfrau oder dem Transmann aber in erheblichem Maße, wenn Sie sich als Diskussionspartner zur Verfügung stellen und zur Klärung der Situation und der dabei auftauchenden Gefühle beitragen. Die Entscheidung über Zeitpunkt und Vorgehen beim Coming-out kann letztlich aber nur die Transperson selbst treffen.

Das folgende Beispiel soll veranschaulichen, wie Ihr Beitrag zu einem solchen Klärungsprozess und dem erfolgreichen Coming-out einer Transfrau am Arbeitsplatz aussehen kann:

> Manfred Klausen (44 Jahre) war, als er einen Psychotherapeuten wegen seiner Transidentität und des geplanten Prozesses der Angleichung an das weibliche Geschlecht aufsuchte, seit zehn Jahren bei einer Computerfirma im Verkauf angestellt. Er fühlte sich im Team der Mitarbeitenden wohl und wurde, wie er schilderte, wegen

seiner fachlichen Kompetenz und seines kollegialen Verhaltens von allen sehr geschätzt. Umso größer war nun seine Befürchtung, er werde diese Wertschätzung, vielleicht sogar seinen Arbeitsplatz, verlieren, wenn er seine Kolleginnen und Kollegen sowie den Vorgesetzten über seine Transidentität informiert und dann den Rollenwechsel vollzieht.

Herr Klausen hatte sieben Jahre in einer Ehe gelebt, als er seiner Frau mitteilte, dass er in seiner Identität kein Mann, sondern eine Frau sei. Die Ehefrau hatte diese Mitteilung zunächst nicht ernst genommen und gemeint, ihr Mann finde lediglich das Tragen von Frauenkleidern interessant. Dies sei aber nur eine Phase von Transvestitismus, die wieder vergehen werde. Umso erschütterter war sie, als er ihr eröffnete, dass ihn das Thema »Frausein« seit der Jugendzeit begleite und er, seitdem er denken könne, sich darüber klar sei, kein Mann, sondern eine Frau zu sein.

Die emotionale Erschütterung von Frau Klausen wurde nochmals größer, als sie erfuhr, dass ihr Mann eine hormonelle und chirurgische Angleichung an das weibliche Geschlecht anstrebe und dann auch den Personenstand ändern wolle. Ein Zusammenleben mit ihm erschien ihr unter diesen Umständen unmöglich. Sorge bereitete ihr in diesem Zusammenhang auch die Tatsache, dass das Ehepaar Klausen einen fünfjährigen Sohn hatte. »Wie sollen wir ihm das beibringen, dass sein Vater eine Frau wird? Und was werden seine Kameraden und ihre Eltern sagen, wenn sie das erfahren?«, waren ihre entsetzten Fragen gewesen. »Und wie erklären wir das unseren Familienangehörigen und Freunden?« Eines war für Frau Klausen schnell klar gewesen: Ein weiteres Zusammenleben mit ihrem Mann würde für sie unmöglich sein. Dies war für beide Ehegatten bitter gewesen, da sie sich einander sehr verbunden fühlten.

Nach der Trennung hatten die Ehegatten nach wie vor Kontakt und verbrachten auch, nicht zuletzt wegen des Sohnes, Geburtstage und Weihnachten miteinander. Da die Ehegatten nach wie vor eine vertrauensvolle Beziehung zueinander hatten, diskutierten sie auch Herrn Klausens Plan, nicht nur in der Freizeit als Frau aufzutreten, sondern sich auch an der Arbeitsstelle zu outen. Frau Klausen war zunächst schockiert, als sie davon erfuhr, und gab zu bedenken, dass er damit ein unkalkulierbares Risiko eingehe, seine Stelle zu verlieren, und damit sich selbst und der ganzen Familie die Existenzgrundlage zerstöre. Außerdem wendete sie ein, bei einem Auftreten als Frau am Arbeitsplatz bestehe für ihn die Gefahr, verspottet und ausgegrenzt zu werden. »Alles, was du dir beruflich über viele Jahre und mit so viel Anstrengung aufgebaut hast, ist dann mit einem Schlag zerstört«, war ihre abschließende Stellungnahme gewesen. »Willst du das dir und uns antun?«

Selbstverständlich verunsicherten solche Äußerungen Herrn Klausen erheblich und stürzten ihn in große Zweifel, ob er sein Coming-out am Arbeitsplatz wirklich durchführen könne. Einerseits verstand er die Ängste seiner Frau gut, waren es doch die gleichen Ängste, die auch er in sich selbst spürte. Andererseits aber war ihm auch bewusst, dass er fachliche Kompetenzen besaß, die durch den Rollenwechsel nicht verloren gehen würden. Außerdem spürte er doch tagtäglich die Anerkennung seiner Mitarbeiterinnen und Mitarbeiter und des Vorgesetzten und ihre freundschaftliche Verbundenheit mit ihm. »Das kann doch nicht alles vorbei sein, wenn ich als Frau im Betrieb arbeite«, hielt er den kritischen Argumenten seiner Frau entgegen.

In dieser Situation entschloss Herr Klausen sich, mit seinem direkten Vorgesetzten ein vertrauliches Gespräch über seine Transidentität zu führen. Nach reiflicher Überlegung schien ihm dazu ein privater Rahmen am sinnvollsten. Er lud deshalb den Vorgesetzten zu einem Abendessen in ein ruhiges Restaurant ein und eröffnete ihm dort, dass er zwar biologisch ein Mann sei und bis jetzt sozial auch so lebe, in seinem Kern, seiner Identität, aber eine Frau sei. Zunächst meinte der Vorgesetzte, Herr Klausen mache einen Spaß. Doch schnell spürte er, dass es dem Mitarbeiter damit sehr ernst war und Herr Klausen sich nun, da er ein Coming-out am Arbeitsplatz in Erwägung zog, in großer Sorge befand, wie damit umzugehen sei und welche Konsequenzen dieser Schritt haben könnte.

Im weiteren Gespräch bekundete der Vorgesetzte zwar seine Unvoreingenommenheit gegenüber der Transidentität, gab zugleich aber auch zu bedenken, dass er bisher lediglich im Fernsehen ein paar Mal Sendungen über »Transsexuelle« gesehen habe, selbst aber nie mit einem Transmenschen zusammengetroffen sei. Er müsse auch zugeben, dass er sich nicht in Herrn Klausen einfühlen könne, wenn dieser als biologischer Mann sage, er sei eine Frau und wolle seinen männlichen Körper an den weiblichen angleichen lassen. Außerdem habe er Mühe, sich vorzustellen, wie Herr Klausen als Frau aussehen werde. »Ich möchte Sie nicht kränken. Aber sehen Sie dann denn nicht wie eine Karikatur von Frau aus? Und machen Sie sich damit nicht lächerlich vor den anderen Mitarbeiterinnen und Mitarbeitern?«, war seine Frage gewesen.

Herr Klausen hatte mit einer solchen Äußerung gerechnet und zog zum Erstaunen seines Vorgesetzten ein Foto hervor, das ihn als Frau zeigte. »Das sind aber nicht Sie!«, war der erstaunte Ausruf seines Vorgesetzten. »Das können Sie mir nicht weismachen! Das sind nicht Sie, sondern irgendeine Frau, die Sie fotografiert haben.« »Das tut mir jetzt echt gut, dass Sie mich auch äußerlich für die Frau halten, die ich innerlich ja von jeher bin«, entgegnete Herr Klausen darauf. »Sie sehen selbst: Ich bin keine Karikatur von Frau und mache mich vor niemandem lächerlich. Und selbst wenn mein Passing nicht so gut wäre, wie es ist, wäre mir das egal. Ich bin eine Frau und möchte deshalb auch als Frau leben und akzeptiert werden.«

Das Foto überzeugte den Vorgesetzten zwar. Er gab aber dennoch zu bedenken, dass er sich den Rollenwechsel in der stark männerdominierten Firma – nur die Sekretärinnen waren Frauen – nicht recht vorstellen könne. »Ich weiß gar nicht, wie wir das kommunizieren sollen. Wollen Sie das machen? Oder muss ich das tun? Macht man das am besten schriftlich oder mündlich? Wie gehen wir mit kritischen Rückfragen um? Und wie schützen wir Sie vor diskriminierenden Kommentaren? Und nicht zuletzt: Wie vermitteln wir unserer Kundschaft, dass Herr Klausen plötzlich Frau Klausen ist? Müssen wir vielleicht sogar fürchten, dass uns Kunden abspringen, weil sie diesen Wechsel von Mann zu Frau nicht akzeptieren?« Unversehens sahen sich Herr Klausen und sein Vorgesetzter mit einer Fülle von Fragen konfrontiert, denen sie mehr oder weniger hilflos gegenüberstanden. Ein gewisser Trost war für beide, dass kein unmittelbarer Handlungsbedarf bestand und sie sich ein angemessenes Vorgehen noch in Ruhe überlegen konnten.

Nach diesem insgesamt sehr positiv verlaufenen Gespräch diskutierte Herr Klausen die Situation erneut mit seiner Frau. Sie war zunächst einmal beruhigt, dass der Vorgesetzte den Rollenwechsel ihres Mannes nicht rundweg abgelehnt, sondern sich so positiv geäußert und Herrn Klausen seine Unterstützung zugesagt hatte. Angesichts dieser Sicherheit war es Frau Klausen nun möglich, sich auf ein konstruktives Gespräch mit ihrem Mann einzulassen und gemeinsam nach gangbaren Wegen für sein Coming-out am Arbeitsplatz zu suchen. Da das Foto, das Herrn Klausen als Frau zeigte, sehr viel dazu beigetragen hatte, dass der Vorgesetzte die Transidentität ernst nahm und sich den Rollenwechsel in der Firma vorstellen konnte, schlug Frau Klausen vor, den Mitarbeitenden auf jeden Fall dieses Foto zur Verfügung zu stellen, bevor Herr Klausen real als Frau im Betrieb erscheinen würde.

Herrn Klausen leuchtete dies sehr ein, und er meinte, am besten sei vielleicht, wenn er zusammen mit dem Vorgesetzten eine Mail an alle Mitarbeitenden und die wichtigsten Kunden schreibe, sie darin über die Transidentität informiere und in diese Mail das Foto integriere. »Das schützt sicher davor, dass die Leute sich abstruse Vorstellungen davon machen, wie du als Frau aussehen wirst«, pflichtete Frau Klausen ihrem Mann bei. »Außerdem«, ergänzte Herr Klausen, »zeigt eine von meinem Chef und mir verfasste E-Mail, dass ich diesen Schritt von Mann zu Frau nicht im Alleingang tue, sondern in Absprache und mit Unterstützung des Vorgesetzten.«

Er beschloss deshalb, mit seinem Vorgesetzten ein weiteres Gespräch zu führen, in dem sie den Zeitpunkt und das Vorgehen des Rollenwechsels diskutieren könnten. Der Vorgesetzte stimmte Herrn Klausens Vorschlag zu, eine gemeinsame E-Mail an die Mitarbeitenden und Kunden zu schicken und in diese Mail auch das Foto, das Herrn Klausen als Frau zeigte, zu integrieren. »Haben Sie den Rollenwechsel eigentlich schon mit Ihrem Psychotherapeuten besprochen, der ja, wie Sie mir erzählt haben, den ganzen Prozess begleitet?«, fragte der Vorgesetzte Herrn Klausen. Dieser nickte, und sein Vorgesetzter fuhr fort: »Wenn Sie einverstanden sind – und natürlich auch falls der Therapeut zustimmt –, würde ich gerne mit in eine Ihrer Therapiesitzungen kommen. Dann könnten wir zu dritt besprechen, wie wir am besten vorgehen. Ich bin diesbezüglich immer noch ziemlich unsicher. Vielleicht kann der Therapeut aufgrund seiner Erfahrung mit solchen Situationen ja bestätigen, ob unser Plan so sinnvoll ist bzw. kann uns noch Alternativen nennen.«

In der nächsten Sitzung fragte Herr Klausen seinen Therapeuten, ob er damit einverstanden sei, dass sein Vorgesetzter mit ihm zusammen in eine seiner Sitzungen komme, damit sie zusammen Zeitpunkt und Wege des Coming-out am Arbeitsplatz diskutieren könnten. Der Therapeut war für das Gespräch mit einem Dritten offen. Die Voraussetzung sei lediglich, dass das Vorgehen und die Ziele einer solchen Sitzung gemeinsam vorbesprochen würden. Der Therapeut begrüßte sogar ausdrücklich die Bereitschaft des Vorgesetzten, sich in einem solchen Maße für das Gelingen von Herrn Klausens Coming-out zu engagieren.

In der folgenden Sitzung erschien Herr Klausen zusammen mit seinem Vorgesetzten, der sich nach dem letzten Gespräch schon Gedanken über das konkrete Vorgehen beim Coming-out gemacht hatte. Er stimmte Herrn Klausens Vorschlag zu, eine gemeinsame E-Mail zu verfassen und darin kurz zu erklären, was Transidentität ist, und zum Ausdruck zu bringen, dass er Herrn Klausens Rollenwechsel voll unterstütze. Da er sich Sorgen mache (was vielleicht auch seiner eigenen Befürchtung entsprach?), dass aus dem Kreis der Kolleginnen und Kollegen die Frage auftauchen könnte, ob Frau Klausen dann ebenso belastbar und leistungsfähig sei wie Herr Klausen, sei seine Frage an den Therapeuten, wie es nach dessen Erfahrung damit bei anderen Transmenschen aussehe. Der Therapeut konnte ihn beruhigen, dass nach dem Rollenwechsel die Leistungs- und Belastungsfähigkeit keineswegs reduziert ist, sondern Transmenschen im Gegenteil durch den Wegfall des Verheimlichungsstresses sich wesentlich wohler fühlen und dadurch auch belastbarer und leistungsfähiger sind, auch wenn das Leben in der neuen Rolle zum Teil Kraft kostet, da die Betreffenden ihrer Umgebung ihre Situation erklären und sich unter Umständen mit kritischen Fragen auseinandersetzen müssen.

Man verblieb so, dass Herr Klausen und sein Vorgesetzter einen Text für die E-Mail verfassen und den Entwurf an den Therapeuten schicken würden, damit er noch einen Blick vor allem auf diejenigen Passagen werfen könne, in denen sie das Phänomen »Transidentität« erklärten. In diese Mail würde dann das Foto integriert sein, das Herrn Klausen als Frau zeige, und das Fazit der an alle Mitarbeitenden und die wichtigsten Kunden gerichteten Mail würde sein, dass Herr Manfred Klausen nach seinem Urlaub (den er am Tag vor dem Versand der Mail antreten würde) nicht mehr Herr Manfred Klausen, sondern Frau Susanne Klausen sei und so anzusprechen und zu akzeptieren sei. Frau Klausen stehe für Fragen gerne zur Verfügung, und der Vorgesetzte und Frau Klausen hofften weiterhin auf eine gute Zusammenarbeit mit den Kolleginnen und Kollegen und der Kundschaft.

Das geschilderte Beispiel zeigt einen konstruktiven Umgang der privaten und beruflichen Bezugspersonen mit dem Coming-out am Arbeitsplatz. Ich habe oben auf die Sorgen und Ängste hingewiesen, die in Ihnen als Angehöriger oder Freund eines Transmenschen vielleicht auftauchen, wenn Sie hören, dass Ihr Freund oder Ihre Freundin sich am Arbeitsplatz als »trans« outen möchte. Es sind Ängste, die auch die Ehefrau von Herrn Klausen äußert, wenn sie ihrem Mann zunächst dringend von einem solchen Schritt abrät.

Das Beispiel zeigt aber auch, dass eine sorgfältige Klärung der Situation und ein vorsichtig-sondierendes Gespräch mit Vorgesetzten wesentlich zum Abbau solcher Ängste beitragen können. So ist Frau Klausen in dem Moment, in dem ihr klar wird, dass der Arbeitsplatz ihres Mannes durch sein Coming-out nicht gefährdet ist, auch bereit und fähig, zusammen mit ihrem Mann konstruktive Pläne zu entwickeln, wie der Rollenwechsel vonstattengehen könnte. Wichtig war in dieser Situation auch, dass Herr Klausen selbst bereits ein Foto von sich als Frau bei sich hatte, als er das erste Gespräch mit dem Vorgesetzten führte. Die Person konkret in der neuen Rolle zu sehen, hat immer mehr Überzeugungskraft als Schilderungen davon. Vor allem lassen sich durch solche Fotos Befürchtungen des Umfelds zerstreuen, die Transfrau werde in provozierender Aufmachung am Arbeitsplatz erscheinen und zum Gespött von Mitarbeitenden und Kunden werden.

Als sehr positiv bewerte ich auch die Bitte des Vorgesetzten, zusammen mit dem Klienten in eine seiner Therapiesitzungen zu kommen. Daraus spricht ein großes Engagement des Vorgesetzten, dem offensichtlich sehr daran lag, für den bewährten Mitarbeiter optimale Bedingungen für den Rollenwechsel zu schaffen. Dahinter stand zum einen der Wunsch, Herrn Klausen diesen Schritt zu erleichtern. Zum anderen bestand beim Vorgesetzten aber auch das Anliegen, bei den anderen Mitarbeitenden Akzeptanz der Transidentität von Herrn Klausen zu bewirken und damit eine konstruktive Stimmung im Team zu erhalten.

Es erscheint mir wichtig, dass wir als begleitende Psychotherapeutinnen und Psychotherapeuten Transmenschen die Möglichkeit zu solchen Gesprächen mit Eltern, Geschwistern, Ehegatten, Kolleginnen, Freunden und Vorgesetzten anbieten, um auf diese Weise Ängste, Unsicherheiten und Ablehnung von Seiten des Umfelds abzubauen. Dadurch wird den Transfrauen und Transmännern der Schritt in die neue Rolle wesentlich erleichtert. Die Therapeutinnen und Therapeuten können in solchen Gesprächen den Drittpersonen sachliche Informationen über das Phänomen Transidentität und das Leben als Transfrau bzw. Transmann liefern. Dies hat im Allgemeinen eine beruhigende Wirkung auf die Bezugspersonen, die sich in ihren eigenen Gefühlen ernst genommen sehen, ihre Fragen artikulieren können und von fachlicher Seite Antworten erhalten.

In Gesprächen mit Fachleuten, Transmenschen und ihren Bezugspersonen kann auch der positive Aspekt, der in der Transidentität liegt, zur Sprache kommen. Es wäre nämlich eine verkürzte, negativ gefärbte Sicht, wollte man Transidentität nur als »schwieriges Schicksal« interpretieren. Mit vollem Recht kann man die Transidentität auch als einen Aspekt von »Diversity« verstehen, d. h. in der Vielfalt menschlicher Existenzformen eine *Bereicherung* und einen *Gewinn* und nicht ein zu ertragendes Übel sehen. Die großen, international tätigen Firmen haben längst erkannt, dass die Vielfalt von Lebensformen und kulturellen Prägungen große Vorteile für die Arbeitsteams bieten. Wie Geschlecht, Alter, sexuelle Orientierung, Religionszugehörigkeit, Nationalität und andere Merkmale kann man in diesem Sinne auch die Transidentität als einen Aspekt von »Diversity« betrachten, der eine positive Wirkung auf das Arbeitsteam ausübt. Wenn Transmenschen selbst und ihre privaten und beruflichen Bezugspersonen sich darüber klar sind, werden die Transfrauen und Transmänner mit viel größerer Selbstsicherheit im Beruf auftreten, und ihre Angehörigen und Freunde werden sich weniger Sorgen darum machen, ob der Rollenwechsel am Arbeitsplatz gelingen wird und wie die Akzeptanz im beruflichen Bereich sein wird.

Auf den Punkt gebracht

- Transmenschen selbst, aber vor allem auch ihre Angehörigen und Freunde befürchten oft, ein Coming-out am Arbeitsplatz werde verhängnisvolle Folgen für die weitere berufliche Laufbahn der Transperson haben.
- Transmenschen können kein »dosiertes« Coming-out am Arbeitsplatz vornehmen, sondern müssen den Rollenwechsel, wenn sie sich dazu entschließen, von einem Tag auf den anderen vollziehen.
- Die Befürchtung von Transmenschen und ihren Angehörigen, durch das Coming-out entstünden am Arbeitsplatz große Probleme, entspricht im Allgemeinen nicht in dem Maße der Realität, wie oft angenommen.
- Bei der Entscheidung, ob ein Coming-out am Arbeitsplatz möglich ist, ohne Schaden zu nehmen, ist einerseits zu berücksichtigen, dass diese Ängste unrealistisch sein können. Andererseits gilt es aber auch abzuwägen, ob die Mitteilung der Transidentität und der Rollenwechsel unter Umständen tatsächlich große berufliche Nachteile zur Folge haben können und deshalb ein Coming-out am derzeitigen Arbeitsplatz zurückgestellt werden muss.
- Entschließt sich ein Transmensch für das Coming-out und den Rollenwechsel am Arbeitsplatz, müssen diese Schritte umsichtig geplant werden. Sinnvoll sind sorgfältige Absprachen mit den Vorgesetzten. Eine sehr gute Wirkung hat beispielsweise eine vom Vorgesetzten und der Transperson gemeinsam verfasste Mitteilung an die übrigen Mitarbeiterinnen und Mitarbeiter.
- Als Angehörige oder Freund eines Transmenschen können Sie ihm eine große Hilfe sein, wenn Sie sich als Diskussionspartner zur Ver-

fügung stellen. Die Entscheidung, ob die Transfrau oder der Transmann den Rollenwechsel am Arbeitsplatz vornimmt, kann aber nur die Transperson selbst treffen.

7. Mein Kind ist »trans«

In den letzten Jahren eröffnen immer häufiger Kinder und Jugendliche ihren Eltern, dass sie »trans« seien. Selbstverständlich verfügen etwa Kinder im Alter von sechs oder sieben Jahren noch nicht über das Konzept »Transidentität«. Aber auch schon Kinder dieses Alters können spüren, dass ihr biologisches Geschlecht nicht ihrer Identität entspricht, und lassen keinen Zweifel daran, dass sie innerlich dem anderen Geschlecht angehören.

Im Allgemeinen interpretieren Eltern ein nicht geschlechtskonformes Verhalten zunächst als eine »Phase« in der Entwicklung ihres Kindes, die »wieder vergeht«. Je nach ihrer Offenheit werden sie dem Jungen etwa durchaus erlauben, auch einmal einen ausgesprochen mädchenhaften Pullover zu tragen oder sich sogar zu schminken. Die Tochter hat es häufig noch etwas einfacher, da jungenhafte Kleidung und ein burschikoses Verhalten des Mädchens im Allgemeinen toleriert und nicht als auffällig eingeschätzt wird.

Kritisch wird es in dem Moment, in dem das Kind nicht nur in Kleidung und Verhalten dem anderen Geschlecht entsprechen möchte, sondern der Junge explizit äußert, er *sei* ein Mädchen, bzw. das Mädchen sagt, es *sei* ein Junge. Spätestens in diesem Moment wird den Eltern klar, dass das Verhalten ihres Kindes nicht einfach eine »Laune« ist, sondern dass es um etwas Zentrales, nämlich um die Identität ihres Kindes geht. Auch wenn das bisherige Verhalten des Kindes bereits gezeigt hat, dass es eine Entwicklung durchläuft, die von der anderer Kinder abweicht, ist es für Eltern doch zumeist ein Schock, sich damit konfrontiert zu sehen, dass ihr Kind transident ist.

Familie Kleiber erlebte eine solche Situation. Schon seit dem vierten Lebensjahr ihres Sohnes hatten die Eltern wahrgenommen, dass David sich nach ihrer Einschätzung »in extremem Maße für weibliche Dinge interessierte«. Möglicherweise sei dies aber schon früher

so gewesen, meinten Kleibers, nur hätten sie dem wohl keine besondere Beachtung geschenkt. So habe David jegliches technische Spielzeug abgelehnt und stattdessen ausschließlich mit Puppen gespielt. Außerdem habe er sich unbedingt wie ein Mädchen kleiden wollen und habe sich im wahrsten Sinne des Wortes »mit Händen und Füßen gewehrt«, als die Mutter ihm die Haare habe schneiden wollen. »Alle Mädchen haben lange Haare!«, habe David empört geschrien und die Erklärung der Eltern, er sei doch ein Junge, nicht zur Kenntnis genommen. Er habe sich so standhaft geweigert, sich die Haare schneiden zu lassen, dass Frau Kleiber schließlich nachgegeben habe und sie ihm schulterlang habe wachsen lassen.
Beim Spielen schloss David sich ausnahmslos den Mädchen an. Dabei übernahm er stets die weibliche Rolle, beispielsweise als Mutter, als Verkäuferin oder als weibliches Baby, und weigerte sich mitzuspielen, wenn die anderen Kinder ihm im Spiel die männliche Rolle antrugen. Die Eltern beobachteten diese Entwicklung zwar mit einiger Besorgnis. Sie beruhigten sich jedoch, nicht zuletzt aufgrund der Meinung des Kinderarztes, dies sei in Davids Entwicklung eine Phase, die wieder vergehen werde. »Versuchen Sie, sein Interesse an den Dingen zu wecken, die Jungen interessieren. Dann wird sich das schon geben. Vor allem fördern Sie auf keinen Fall die weibliche Identifikation«, riet der Kinderarzt Kleibers dringend.
Die Orientierung an weiblichen Attributen und Tätigkeiten wurde jedoch nicht weniger, sondern verstärkte sich zunehmend. Als David in den Kindergarten kam, bestand er beispielsweise darauf, wie ein Mädchen angezogen zu werden, und teilte der Kindergärtnerin und den anderen Kindern bei der Frage nach seinem Namen mit, er heiße »Daniela«. Da David wie ein Mädchen aussah und er sich auch im Kindergarten stets den Mädchen anschloss, nannten ihn die meisten Kinder tatsächlich »Daniela«, obwohl die Kindergärtnerin konsequent »David« sagte.
Als im Alter von sieben Jahren der Eintritt in die Grundschule bevorstand, sahen Kleibers sich der schwierigen Situation gegenüber, dass David auch in der Schule als Mädchen auftreten wollte und von den Eltern forderte, sie sollten ihn dort nicht als »David«, sondern offiziell als »Daniela« anmelden. Gespräche mit der Kindergärtnerin, dem

Kinderarzt und einer Psychologin vom schulpsychologischen Dienst brachten keine wirkliche Klärung. Alle Fachleute vertraten die Ansicht, David solle auf keinen Fall als Mädchen in die Schule gehen, sondern dort unbedingt mit seinem männlichen Namen angemeldet und angesprochen werden.

Eine Tochter von Bekannten der Eltern studierte Psychologie und warf in einem Gespräch mit Kleibers die Frage auf, ob David eventuell transident sei. Die Studentin selbst hatte keine genauen Kenntnisse von Transidentität und riet Kleibers, sich im Internet umzusehen, was dort über Transidentität bei Kindern zu finden sei.

Da die Eltern sich in einem enormen Konflikt zwischen den Ansichten der Fachleute und Davids geradezu verzweifeltem Kampf darum, als Mädchen akzeptiert zu werden und leben zu dürfen, befanden, begannen sie, im Internet intensiv nach Informationen zu suchen. Dies brachte ihnen aber keineswegs eine Klärung, da sie dort unter den Stellungnahmen von Ärzten und Psychologinnen wie in den Foren von Transmenschen die widersprüchlichsten Informationen fanden. Allerdings erfuhren sie bei ihren Recherchen, dass es – zwar recht weit von ihrem Wohnort entfernt – einen Psychologen gab, der Erfahrung mit Transkindern hatte.

Kleibers suchten daraufhin zusammen mit David diesen Psychologen auf. Auch bei ihm vertrat David selbstbewusst die Ansicht, er sei ein Mädchen und wolle deshalb auch wie ein Mädchen aussehen. »Das ist doch selbstverständlich! Warum sehen meine Eltern das denn nicht ein?«, fragte er verzweifelt den Psychologen. Dieser riet den Eltern, dass David eine psychotherapeutische Begleitung brauche, in deren Rahmen geklärt werden müsse, ob bei ihm eine Transidentität vorliege – was der Psychologe aufgrund der Angaben der Eltern und Davids Äußerungen vermutete – und wie der weitere Weg der Familie Kleiber aussehe. Er konnte den Eltern in einer von ihrem Wohnort nicht weit entfernten Stadt eine Kinder- und Jugendpsychiaterin nennen, die Erfahrung mit Transkindern hatte.

Kleibers suchten diese Ärztin auf und vereinbarten mit ihr wöchentliche Sitzungen, die sie mit David abhielt, und in lockerer Folge auch Sitzungen mit ihnen als Eltern. Zunächst galt es vordringlich zu klären, wie Davids Einschulung erfolgen solle. Würde er in der Schule als

Junge oder als Mädchen auftreten? Und sollten die Lehrer vorgängig über seine Überzeugung, ein Mädchen zu sein, informiert werden? Wenn er in der Schule als Mädchen aufträte, würde er dann den anderen Kindern in seiner Klasse von Anfang an als Mädchen vorgestellt? Diese Fragen standen im Mittelpunkt der ersten Monate der Therapie, welche die Ärztin mit David und seinen Eltern führte. Die Erwachsenen kamen im Laufe dieser Zeit zum Schluss, mit der Schulleitung Kontakt aufzunehmen und zu besprechen, ob es möglich sei, dass David als »Daniela« eingeschult und den anderen Kindern nur als Mädchen vorgestellt werde.

In den von Kleibers und der Psychiaterin mit der Schulleitung und dem potenziellen Klassenlehrer geführten Gesprächen wurde dann tatsächlich entschieden, David als »Daniela« einzuschulen. Daniela, wie David inzwischen auch von den Eltern und der Psychiaterin genannt wurde, war hochbeglückt, dass ihr Wunsch nun endlich erfüllt wurde.

Mit dem Entscheid, David als »Daniela« einzuschulen, waren indes längst nicht alle Probleme gelöst. Als Erstes stellte sich die Frage, wie die Situation im Sportunterricht zu organisieren sei. »Daniela kann sich doch weder bei den Jungen noch bei den Mädchen umziehen und duschen«, klagte Frau Kleiber in einem der Gespräche mit dem Klassenlehrer. »Sie würde es vehement ablehnen, im Umkleideraum mit den Jungen zu sein. Aber man kann es den Mädchen ja auch nicht zumuten, dass Daniela bei ihnen im Umkleideraum ist und mit ihnen zusammen duscht.« Die Eltern entschieden daraufhin zusammen mit dem Lehrer, Daniela zunächst vom Sportunterricht zu befreien.

Als nächstes Problem erhob sich für die Eltern die Frage, ob Daniela zukünftig pubertätsblockierende Medikamente erhalten solle. Im Internet und in den Transforen hatten Kleibers von dieser Möglichkeit erfahren. Dabei war ihnen aber auch klar geworden, dass in Bezug auf dieses Thema selbst die Fachleute völlig unterschiedliche Ansichten vertraten. Es gab eindeutige Befürworter, die damit argumentierten, für ein Transkind sei das Erleben der Pubertät eine unzumutbare Belastung. Andere Fachleute hingegen erwiesen sich als vehemente Gegner mit dem Argument, man greife mit diesen Medikamenten in

eine Entwicklung ein, von der niemand mit Sicherheit sagen könne, dass sie Bestand habe.
Die Befürworter berichteten von positiven Entwicklungen von Transkindern bei der Behandlung mit pubertätsblockierenden Medikamenten, weil dadurch die Entscheidung, ob eine Pubertät im biologischen oder im anderen Geschlecht durchgemacht werden solle, so lange aufgeschoben werden könne, bis die Kinder älter seien und selbst besser über ihren weiteren Weg mit entscheiden könnten. Die Gegner hingegen wiesen in ähnlich überzeugender Weise auf Studien hin, die zum Resultat kamen, dass ein nicht geringer Teil der Kinder, die in jüngeren Jahren von sich gesagt hatten, sie gehörten dem anderen Geschlecht an, sich als Adoleszenten von dieser Ansicht distanziert hatten. Am meisten leuchtete Kleibers die Argumentation von Fachleuten ein, die eine mittlere Position einnahmen und rieten, jedes Kind individuell zu beurteilen, sich für die Abklärung und die psychotherapeutische Begleitung genügend Zeit zu lassen und dann erst einen Entscheid pro oder kontra pubertätsblockierende Medikation zu treffen.
In Anbetracht der Unsicherheit, die Kleibers erlebten, beschlossen sie auf Anraten der Psychiaterin einen mit der Behandlung von Transkindern erfahrenen Endokrinologen aufzusuchen und mit ihm die Situation zu diskutieren. Er vertrat die Ansicht, für ihn spreche nichts gegen eine Behandlung mit pubertätsblockierenden Medikamenten, wenn zuvor Danielas Persönlichkeit fachkundig beurteilt worden sei. Die Psychiaterin wies Kleibers deshalb an eine kinder- und jugendpsychiatrische Einrichtung, die Erfahrung mit Transkindern hatte, damit sich eine unabhängige Fachperson ein Bild von Danielas Persönlichkeit machen könnte. Die Psychiaterin selbst wollte nicht in diesen Beurteilungsprozess einbezogen werden, um unabhängig die begleitende Psychotherapie weiterführen zu können.
Die Fachleute der kinderpsychiatrischen Einrichtung kamen aufgrund einer sorgfältigen Abklärung von Daniela und ihren Eltern zum Schluss, dass es bei Daniela um Transidentität gehe, und stellten die Indikation zur Behandlung mit pubertätsblockierenden Medikamenten. Dadurch sollte die männliche Pubertät (z. B.

Stimmbruch und Bartwuchs) unterdrückt und Zeit gewonnen werden, in der Daniela weiter reifen könnte, um später dann selbst besser Stellung nehmen zu können zu ihrem Wunsch nach einer hormonellen und chirurgischen Angleichung an das weibliche Geschlecht. Der Endokrinologe verordnete deshalb Daniela diese Mittel.

Vermutlich haben Sie als Elternteil eines Transkindes die am Beispiel der Familie Kleiber geschilderten Gefühle selbst erlebt, und es wird auch bei Ihnen längere Zeit gedauert haben, bis Sie die Transidentität Ihres Kindes akzeptieren konnten. Dies ist sehr verständlich, denn die Transidentität konfrontiert Sie mit einer großen Zahl von Problemen, denen gegenüber Sie sich sicher ähnlich hilflos gefühlt haben wie Kleibers. Außerdem zeichnen sich Kindheit und Jugend ja dadurch aus, dass in der Entwicklung noch vieles »im Fluss« ist, so dass Ihre Hoffnung, vielleicht werde sich alles noch grundlegend verändern, durchaus ein Stück weit realistisch war. Wie im Beispiel geschildert, ist dies ja auch ein Argument der Fachleute, die sich gegen die Behandlung mit pubertätsblockierenden Medikamenten aussprechen. Zugleich können Sie aber auch stolz auf sich sein, dass Sie in Ihrer Familie ein so tolerantes Klima geschaffen haben und Ihr Kind so viel Vertrauen zu Ihnen hat, dass es sich Ihnen gegenüber outet.

Wenn Sie die sich abzeichnende Transidentität Ihres Kindes nicht kategorisch ablehnen und nicht mit allen Mitteln zu unterdrücken versuchen (was verhängnisvolle Folgen hätte), werden Sie sich, wie die Familie Kleiber im dargestellten Beispiel, im Internet darüber informiert haben. Einerseits bietet das Internet eine Fülle von Informationen und kann deshalb äußerst hilfreich sein. Andererseits ist es aber ohne detaillierte Kenntnisse bei den meisten Themen unmöglich zu entscheiden, ob es sachlich richtige Informationen sind. Deshalb werden Sie bei Ihrer Suche nach Informationen über Transidentität bei Kindern unter Umständen völlig widersprüchliche Ergebnisse erhalten, so dass die Internetrecherchen nicht zu Ihrer Beruhigung beitragen, sondern Sie im Gegenteil vielleicht sogar erheblich verunsichern.

Möglicherweise haben Sie in den verschiedenen Diskussionsforen für Transmenschen auch das Gespräch mit Transfrauen und Transmännern oder anderen Eltern von Transkindern gesucht. Auch hier haben Sie vermutlich widersprüchliche Informationen erhalten, was Sie nochmals verunsicherte.

In Ihrer Not, aber auch weil Sie spüren, dass Ihr Kind Hilfe braucht, werden Sie sich an diesem Punkt Ihrer Auseinandersetzung mit dem Thema Transidentität vielleicht wie die Familie Kleiber entschließen, eine in diesem Bereich erfahrene Fachperson aufzusuchen. Hier tut sich ein neues Problemfeld auf: Wie können Sie eine solche Person finden? Und wie ist deren Erfahrung und Einstellung zur Behandlung von Transkindern? Wird sie Sie zu Schritten drängen, zu denen Sie sich noch gar nicht fähig fühlen? Oder wird sie umgekehrt versuchen, Sie von weiteren Schritten, die Ihnen und Ihrem Kind wichtig sind, abzuhalten, oder Ihnen sogar ihre Hilfe verweigern? Und nicht zuletzt: Wird die Fachperson Ihnen und Ihrem Kind bei der Integration Ihres Kindes in die neue Rolle in der Schule und im Freizeitbereich behilflich sein? Dies sind Fragen, mit denen Eltern von Transkindern konfrontiert sind, Fragen, mit denen auch Sie sich auseinandersetzen müssen.

Im Allgemeinen ist es ratsam, sich bei den Zentren, die es an verschiedenen Universitätskliniken zur Behandlung von Transmenschen gibt, nach erfahrenen Fachleuten zu erkundigen. Ebenso sinnvoll ist es aber auch, die dort erhaltenen Informationen mit denen abzugleichen, die Sie in den Transforen von anderen Eltern über die Ihnen genannten Fachleute bekommen haben. Auch wenn Sie die individuellen Erfahrungen anderer Transmenschen und ihrer Angehörigen nicht eins zu eins übernehmen und auf Ihre persönliche Situation anwenden können, kann es doch hilfreich für Sie sein zu erfahren, wie die Behandlungsstrategien und -ideologien dieser Zentren und Fachleute aus Sicht der dort Behandelten eingeschätzt werden. Wenn Sie von verschiedenen Seiten in übereinstimmender Weise negative Rückmeldungen erhalten, sollten Sie zumindest vorsichtig sein und sich unter Umständen nach anderen Zentren und Fachleuten umschauen.

Im Gespräch mit den psychologisch-psychiatrischen Fachleuten und Endokrinologen werden Sie mit einer Fülle von Informationen konfrontiert. Auch wenn Sie sich im Vorfeld bereits gut über das Thema

Transidentität Orientierung verschafft haben, werden Sie feststellen, dass vieles für Sie völlig neu ist. Zögern Sie nicht nachzufragen, wenn Ihnen etwas nicht klar ist oder im Gegensatz zu Informationen steht, die Sie von anderer Seite bekommen haben. Und bestehen Sie auf präzise Antworten. Lassen Sie sich auch Pro und Kontra einer bestimmten Behandlung, beispielsweise in Bezug auf pubertätsblockierende Medikamente, oder bestimmter Coming-out-Schritte schildern. Nur so gewinnen Sie die nötige Sicherheit, um die anstehenden Entscheidungen zu treffen.

Eine große Hürde auf dem Weg Ihres Transkindes zum anderen Geschlecht ist zweifellos die schulische Situation. Anders als erwachsene Transmenschen kann Ihr Kind nicht selbstständig entscheiden und sein Vorgehen allein planen und durchführen. Gewiss muss das Kind bei allen Entscheidungen mit einbezogen werden und sich fähig fühlen, die entsprechenden Schritte zu tun. Dies wurde ja auch bei der Familie Kleiber deutlich. Letztlich aber liegt bei Ihnen als Eltern die Hauptverantwortung. Dies betrifft die Coming-out-Schritte Ihres Kindes ebenso wie die Entscheidung über die Einnahme von pubertätsblockierenden Medikamenten und gegengeschlechtlichen Hormonen.

Sie können als Eltern kleinerer Kinder die Verantwortung zwar nicht an andere Menschen, die an der Behandlung Ihres Kindes beteiligt sind, abgeben. Sie können aber durch intensive Diskussionen mit medizinisch-psychologischen Fachpersonen und Lehrerinnen und Lehrern mehr Sicherheit für Ihre Entscheidungen bekommen und sich dadurch ein Stück weit entlasten. Je älter die Transkinder sind, desto mehr können sie natürlich selbst zur Entscheidungsfindung beitragen und auch Verantwortung mit übernehmen. Dies ist ja auch ein Argument der Befürworter der pubertätsblockierenden Medikamente, indem sie darauf verweisen, dass dadurch die Pubertät (z. B. Stimmbruch und Bartwuchs) unterdrückt und Zeit gewonnen werden kann, in der das Kind weiter reift und schließlich besser als in der Vorpubertät selbst zu einer Behandlung mit gegengeschlechtlichen Hormonen Stellung nehmen kann.

Auch wenn es gerade bei vorpubertären Transkindern so scheint, als ob dringender Handlungsbedarf bestünde (etwa unbedingt vor Beginn der Pubertät mit der Einnahme von pubertätsblockierenden Medikamenten zu beginnen), sollten Sie sich unbedingt Zeit nehmen, solche Entscheidungen von so großer Tragweite zu treffen. Es geht dabei nicht nur um die körperlichen Eingriffe an Ihrem Kind, über die Sie entscheiden müssen, sondern es entsteht daraus für Sie ja auch emotional unter Umständen eine sehr belastende Situation, mit der Sie sich ohne Zeitdruck auseinandersetzen müssen. Lassen Sie sich durch niemanden, auch nicht durch Ihr Kind, zu Entscheidungen drängen, bei denen Sie noch unsicher sind. Und zögern Sie bei wichtigen Entscheidungen nicht, Zweit- und Drittmeinungen von Fachleuten einzuholen.

Auch was die schulische Situation betrifft, befinden Sie sich als Eltern, aber auch als Lehrerinnen und Lehrer von Transkindern oft in einer schwierigen Situation, sind diese Kinder in ihrem Coming-out doch in viel stärkerem Maße auf Ihre Unterstützung angewiesen als erwachsene Transmenschen. Wie bei der Familie Kleiber deutlich wurde, gilt es bei den Transkindern beispielsweise, das schulische Umfeld über die Transidentität zu informieren und möglichst günstige Bedingungen für die Sozialisation in der angestrebten Rolle zu schaffen. Dies betrifft etwa die Kleidung, die das Kind trägt. Während es für Transjungen keine großen Probleme macht, in männlicher Kleidung aufzutreten, ist es für die Transmädchen im Allgemeinen wesentlich schwieriger, von den Mitschülerinnen und Mitschülern akzeptiert zu werden (in der Regel zeigen Jungen ein stärker ablehnendes Verhalten als Mädchen), wenn sie sich ausgesprochen mädchenhaft kleiden wollen.

Tritt das Transmädchen nicht, wie Daniela im Beispiel, von vorneherein als Mädchen auf, sondern möchte den Rollenwechsel im bisherigen schulischen Umfeld vornehmen, so ist es sinnvoll, die Mitschülerinnen und Mitschüler und deren Eltern sowie die Lehrerinnen und Lehrer zu informieren und das Vorgehen mit ihnen abzusprechen. Hilfreich kann es in dieser Situation auch sein, einen die Transidentität von Kindern in positiver Weise thematisierenden Film zu zeigen und mit den Schülern zu diskutieren, z. B. den Film *Mein Leben in Rosarot.*

Ein Transkind konfrontiert Sie als Elternteil bzw. Lehrerin oder Lehrer aber nicht nur mit der Frage, in welcher Kleidung das Kind in der Schule erscheint, sondern auch damit, dass es im Allgemeinen mit einem Namen angesprochen werden möchte, der der angestrebten

Geschlechtsrolle entspricht. Hierbei geht es zum einen darum, ob Sie den Wechsel vom ursprünglichen männlichen zum weiblichen bzw. vom ursprünglichen weiblichen zum männlichen Vornamen vollziehen. Zum anderen müssen aber auch die Mitschülerinnen und Mitschüler bereit sein, den vom Transkind gewählten Namen zu benutzen. Außerdem ist in diesem Zusammenhang zu klären, in welchem Rahmen der neue Name »offiziell« verwendet werden kann, z. B. auf Formularen, Zeugnissen und anderen Dokumenten.

Eine andere sich im schulischen Rahmen ergebende Frage, mit der sich auch die Familie Kleiber konfrontiert sieht, ist die, in welche Gruppe das Transkind beim Sport eingeteilt wird, vor allem auch, wie die Situation beim Umziehen und Duschen zu organisieren ist. Diesbezüglich gibt es keine allgemein verbindlichen Vorgehensweisen. Es dürfte aber klar sein, dass es beispielsweise für ein Transmädchen unmöglich ist, mit den Klassenkameraden zusammen zu duschen. Ebenso unmöglich ist es aber auch, das Transmädchen mit den Mitschülerinnen zusammen duschen zu lassen. Gerade bei der Lösung solcher Probleme ist eine enge Zusammenarbeit von Schule und Elternhaus notwendig.

In Absprache mit der Schule und der begleitenden Psychotherapeutin haben sich die Eltern von Daniela im dargestellten Beispiel entschlossen, das Kind vorerst vom Sportunterricht befreien zu lassen. Auf diese Weise haben sie Zeit gewonnen, das weitere Vorgehen mit allen Beteiligten zu planen. Dies ist eine durchaus sinnvolle Strategie, um nicht vorschnell eine Entscheidung zu treffen, ehe sorgfältig geklärt ist, welche Alternativen bestehen und welche Konsequenzen die verschiedenen Möglichkeiten haben.

Auf einen Punkt möchte ich noch ausdrücklich hinweisen: Es ist durchaus möglich, dass Sie als Eltern bei so schwierigen und mit großer Verantwortung beladenen Entscheidungen, die Sie für Ihr Kind treffen müssen, unterschiedliche Ansichten haben. Solche Divergenzen sollten Sie unbedingt miteinander ausdiskutieren. Es ist aber verhängnisvoll, wenn Sie Ihr Kind zum Spielball Ihrer unterschiedlichen Interessen machen. Dann geht es nämlich nicht mehr um Ihr Kind und sein Wohl, sondern Sie benutzen – man muss es deutlich sagen: missbrauchen – Ihr Kind für den Konflikt, den Sie als Ehepaar miteinander haben. Dieser Konflikt hat vermutlich völlig andere Gründe, wird nun aber beispielsweise an der Frage der pubertätsblockierenden Medikamente festgemacht. Ich erwähne dies deshalb, weil es tatsächlich derartige Situationen gibt und Sie vielleicht in der Presse von solchen Kämpfen der Eltern gelesen haben.

Wenn Sie spüren, dass sich eine solche Dynamik in Ihrer Familie entwickelt, sollten Sie dies unbedingt kritisch reflektieren und, wenn sich die Situation nicht lösen lässt, fachliche Hilfe suchen, ehe Sie Ihrem Kind durch den auf seinem Rücken ausgetragenen Konflikt schaden. Hilfreich kann es auch sein, wenn Sie als Angehörige oder Freund einer Familie mit einem Transkind bei der Wahrnehmung einer solchen Konfliktsituation intervenieren und den streitenden Eltern klarmachen, dass sie mit diesem Verhalten ihrem Kind massiv schaden.

Auf den Punkt gebracht

- Immer häufiger äußern Kinder und Jugendliche in den letzten Jahren, dass sie sich dem anderen Geschlecht zugehörig empfinden.
- Die Mitteilung Ihres Kindes, dem anderen Geschlecht anzugehören, wird Sie erheblich verunsichern. Die Suche nach sachlich fundierten Informationen im Internet verwirrt Sie dann unter Umständen noch mehr, da Sie dort widersprüchliche Informationen finden.
- Die Zahl von psychologisch-psychiatrischen Fachpersonen, die Erfahrung mit transidenten Kindern haben, ist eher klein. Am besten erkundigen Sie sich bei den Zentren, die es an den verschiedenen Universitätskliniken zur Behandlung von Transmenschen gibt, nach ausgewiesenen Fachleuten und klären Sie mit diesen Ihre Situation. Das Transkind sollte psychotherapeutisch begleitet werden, und auch für Sie als Eltern ist es wichtig, eine Möglichkeit zu haben, in einem geschützten Rahmen über Ihre Gefühle zu sprechen.
- In Fachkreisen bestehen zum Teil unterschiedliche Ansichten zur Behandlung von Transkindern in der Vorpubertät mit pubertätsblockierenden Medikamenten.
- Lassen Sie sich von niemandem, weder von den Fachleuten noch von Personen Ihres persönlichen Umfeldes, dazu drängen, der Be-

handlung mit solchen Medikamenten kurzschlüssig zuzustimmen. Nehmen Sie sich Zeit, bis Sie diese Entscheidung nach sorgfältigem Abwägen aller Vor- und Nachteile treffen können.

- Das Coming-out und der Rollenwechsel eines Transkindes in der Schule müssen sorgfältig von Eltern, Lehrerinnen und Lehrern sowie der das Kind behandelnden Fachperson geplant und begleitet werden.
- Vermeiden Sie im Fall von Konflikten, die Sie als Elternpaar miteinander haben, unbedingt, Ihr Kind zum Spielball Ihrer Interessen zu machen und sich über das Kind gegenseitig zu bekämpfen. Sie schaden damit Ihrem Kind massiv.

8. Wird sie/er nicht Opfer von Diskriminierungen und Gewalt?

Eine der ersten Fragen, die sich Eltern, Geschwister und Freundinnen und Freunde von Transmenschen oft stellen, wenn sie von deren Transidentität erfahren, ist die, ob nach dem Coming-out nicht mit massiven Diskriminierungen, ja sogar mit manifester Gewalt zu rechnen sei. »Wird unser Sohn nicht zum Gespött seiner Kollegen, wenn er ihnen im Betrieb oder im Verein als Frau entgegentritt?«, haben vielleicht auch Sie sich als Mutter oder Vater schon voller Sorgen gefragt. Oder: »Wird unsere Tochter an ihrer Arbeitsstelle nicht gemobbt, wenn sie dort als Mann erscheint? Und liest man nicht immer wieder, dass Transmenschen im öffentlichen Raum Opfer von Gewalt werden?«

Diese und andere bange Fragen bewegen Sie als Familienmitglied, Freund oder Freundin einer Transperson verständlicherweise und haben vielleicht schon dazu geführt, dass Sie dringend vom Rollenwechsel abgeraten haben. Das Risiko, im privaten wie im beruflichen Bereich ausgegrenzt zu werden, sei so groß, dass es geradezu fahrlässig sei, sich als »trans« zu outen, lautet in diesen Fällen typischerweise die Argumentation. Hier drängt sich die Frage auf, wie es mit der tatsächlichen Gefährdung für Transmenschen, diskriminiert und Opfer manifester Gewalt zu werden, aussieht.

Diskriminierungen am Arbeitsplatz

Wie in Kapitel 6 dargestellt, ist es oft schwierig abzuschätzen, wie Arbeitgeber und Mitarbeitende auf die Mitteilung einer Frau oder eines Mannes, sie seien transident, reagieren werden. Auch wenn der sorgfältig vorbereitete Rollenwechsel – vor allem wenn er wie im Beispiel von Herrn Klausen mit dem Vorgesetzten abgesprochen ist – oft kein Problem bereitet und zum Teil sogar ausdrücklich vom Team mitgetragen wird, muss man realistischerweise sagen, dass es auch Vorgesetzte und Teams gibt, die ablehnend und ausgrenzend reagieren, wenn sie von der Transidentität einer/eines Mitarbeitenden erfahren (vgl. die Umfrage vom TGNS Schweiz 2012).

Haben Sie als besorgter Angehöriger oder engagierte Freundin dann nicht recht, wenn Sie vor der Gefahr von Diskriminierung im beruflichen Bereich warnen? Die Antwort auf diese Frage lautet: »Ja und Nein!« Einerseits ist mit dem Coming-out als Transfrau oder Transmann stets eine gewisse Gefahr verbunden, am Arbeitsplatz belächelt, verspottet, nicht mehr ernst genommen zu werden und unter Umständen sogar den Arbeitsplatz zu verlieren. Andererseits zeigen aber das Beispiel von Herrn Klausen im Kapitel 6 und meine Erfahrungen aus der psychotherapeutischen Begleitung vieler Transmenschen, dass sie nicht ohnmächtig ihrer Umgebung ausgeliefert sind, sondern das Klima am Arbeitsplatz mitbestimmen und darauf einwirken können, dass ihnen Respekt entgegengebracht wird. Wer sich in der Vergangenheit als kompetenter, kooperativer und kollegialer Mitarbeiter erwiesen hat, wird vom Team nicht plötzlich ausgegrenzt und fallen gelassen, wenn er seinen Kolleginnen und Kollegen eröffnet, eine Transfrau zu sein und den Rollenwechsel vornehmen zu wollen.

Es ist nach meiner Erfahrung für das Selbstverständnis und das Verhalten von Transmenschen wichtig, sich diese eigenen Möglichkeiten immer wieder zu vergegenwärtigen. Je selbstbewusster sie sind und je sicherer sie sich im Hinblick auf ihre Transidentität und den geplanten Rollenwechsel fühlen, desto stärker wird die positive Wirkung auf ihre Umgebung auch am Arbeitsplatz sein. Oft korrigieren dann sogar Mitarbeitende, die sich anfangs skeptisch oder abfällig über die Transidentität geäußert haben, ihre negative Ansicht und bewundern den Mut, den die Transperson aufbringt, gegen alle äußeren Widerstände ihrer Identität entsprechend zu leben.

Das Fazit dieser Überlegungen ist, dass Sie als Elternteil, Bruder, Schwester, Freund oder Freundin eines Transmenschen durchaus recht haben, wenn Sie sich gewisse Sorgen um seine berufliche Zukunft machen. Es gilt jedoch, die Realität im Auge zu behalten und Vertrauen in die sozialen Kompetenzen der Transfrau bzw. des Transmannes zu haben. Ihr Beitrag als Angehörige oder Freund kann in diesem Prozess beispielsweise darin bestehen, im Gespräch mit der Transperson zu ergründen, wie groß die reale Gefährdung für sie ist, im beruflichen Bereich ausgegrenzt zu werden. Sollte es ein Arbeitsplatz sein, an dem tatsächlich Probleme zu erwarten sind, können Sie gemeinsam Überlegungen anstellen, wie diesen Schwierigkeiten am besten zu begegnen ist und wer die ersten Ansprechpartner im Betrieb sein könnten, die den Rollenwechsel mit vorbereiten helfen.

Außerdem ist es gut, wenn Sie Ihre Transtochter bzw. Ihren Transfreund darin unterstützen, Strategien zu entwickeln, mit denen er bzw. sie konstruktiv auf mögliche Diskriminierungen reagieren kann. Im schlimmsten Fall, bei einem Mobbing am Arbeitsplatz, kann Ihre Unterstützung etwa auch darin bestehen, der Transperson beratend und unter Umständen auch finanziell zur Seite zu stehen, wenn es um die Suche nach einem neuen Arbeitsplatz oder um einen Berufswechsel bzw. eine Umschulung geht.

Probleme in der Öffentlichkeit

Ein anderer Bereich, in dem Transmenschen peinliche Situationen und manifeste Diskriminierungen erleben können, sind Kontakte mit Ämtern, öffentlichen Institutionen (Bank, Post etc.), Fahrkartenkontrollen in öffentlichen Verkehrsmitteln und Ähnliches.

Stellen Sie sich z. B. vor, wie der aufgrund seiner hormonellen Behandlung ausgesprochen männlich wirkende Transmann beim Abholen eines an »Frau x« adressierten Einschreibens am Postschalter seinen Ausweis vorlegen muss, der eben auf einen weiblichen Namen ausgestellt ist. Nun kommt vielleicht der gereizte Hinweis des Postbeamten, dies sei nicht der richtige Ausweis, und die daraufhin notwendige Erklärung des Transmannes, es sei doch der richtige Ausweis, aber er habe noch keine Personenstandsänderung vornehmen können. Deshalb erscheine im Ausweis noch der weibliche Name. Sie werden sich vorstellen können, wie peinlich diese Diskussion für den Transmann ist, zumal er nicht mit dem Postbeamten allein ist, sondern er von anderen Kundinnen und Kunden umgeben ist, die in der Schlange hinter ihm und an anderen Postschaltern warten!

Leicht kann es in einer solchen Situation geschehen, dass die anderen Anwesenden neugierig auf den Transmann starren und ein Kunde sich unter Umständen lautstark in abfälliger Weise über ihn äußert. Dies sind Situationen, die fast alle Transmenschen in der einen oder anderen Form erleben. Besonders leicht kommt es dazu bei Transfrauen, wenn das Passing (noch) nicht optimal ist und sie deshalb als Mann erkennbar sind. Insofern sind Ihre Sorgen als Angehöriger oder Freundin durchaus berechtigt, die Transfrau bzw. der Transmann könnte nach dem Rollenwechsel Probleme in der Öffentlichkeit bekommen.

Noch verletzender als die zuletzt geschilderte Szene in der Post war eine Situation, die eine Transfrau erlebte, als sie sich am späten Abend im Schatten eines Hauseingangs die Perücke abzog, um die Heimfahrt auf dem Motorrad anzutreten. Sie glaubte sich dabei unbeobachtet, bemerkte dann aber einen Polizeiwagen, der betont langsam an ihr vorbeifuhr, umkehrte und nochmals langsam an ihr vorbeifuhr. Die Polizisten stiegen dann aus, verlangten barsch den Ausweis der Transfrau und machten ausgesprochen abfällige Bemerkungen über sie, aus denen hervorging, dass sie sie für einen Mann hielten, der sich als Transvestit im Sexgewerbe betätigte. Dies ist zweifellos eine äußerst diskriminierende Situation, die für die Transfrau sehr verletzend war.

Im Gegensatz zu diesen negativen Beispielen berichten Transmenschen aber fast ausnahmslos auch davon, dass sie in Ämtern und öffentlichen Institutionen zuvorkommend und mit großem Respekt behandelt werden. So hatte eine Transfrau bei ihrem ersten Auftreten als Frau in der Öffentlichkeit mit ihrem Auto auf einem der verkehrsreichsten Plätze ihres Wohnorts eine Panne: Ihr Auto blieb mitten auf dem Platz stehen. Der den Verkehr regelnde Polizist kam und half, zusammen mit Passanten, das Auto an den Straßenrand zu schieben. Die Transfrau stand riesige Ängste aus, der Polizist werde bei der Kontrolle ihrer Fahrzeugpapiere in aller Öffentlichkeit eine Diskussion darüber beginnen, dass sie doch in Wirklichkeit ein Mann sei. Tatsächlich warf der Polizist aber nur einen kurzen Blick auf Ausweis und Fahrzeugdokumente (die noch auf den männlichen Namen ausgestellt waren), nickte ihr freundlich zu, fragte sie, ob er ihr noch in irgendeiner Weise behilflich sein könne, und verabschiedete sich dann höflich von ihr. Ich erwähne dieses Beispiel, um zu zeigen, dass die Angst vor Diskriminierungen in der Öffentlichkeit nicht immer der Realität entspricht. Es ist zu hoffen, dass die Angestellten im öffentlichen Dienst und in privaten Institutionen mehr und mehr über das Phänomen Transidentität informiert werden und Transmenschen gegenüber ein respektvolles Verhalten zeigen.

Um peinliche Situationen zu vermeiden, gebe ich den Transfrauen und Transmännern, die ich im Prozess der Angleichung an das andere Geschlecht begleite, ein Schreiben folgender Art mit (hier das Beispiel für eine Transfrau):

IDENTITÄTSNACHWEIS
(Gültig in Verbindung mit amtlichem Ausweis)
Nachname:
Amtlicher Vorname:
Gewählter Vorname:
Geburtsdatum:
Pass oder Personalausweis/Identitätskarte Nr. ....
[Hier Foto in der neuen Rolle]

Die oben genannte Person befindet sich in einer psychologisch-medizinischen Behandlung der Geschlechtsangleichung (Mann zu Frau). Dies erfordert, dass sie öffentlich im angestrebten Geschlecht als Frau auftritt. Es wird gebeten, durch angemessenes Verhalten und Behandlungsweise diesen Prozess zu unterstützen.

Diese Hinweise gelten für die genannte Person in Verbindung mit dem vermerkten amtlichen Ausweis.

[Stempel und Unterschrift des Therapeuten/der Therapeutin]

Die englische Version dieser Bestätigung lautet:

PROOF OF IDENTITY
(Valid in connection with legal document)
Family Name:
Legal First Name:
Elected First Name:
Date of Birth:
Legal Document: ....

[Hier Foto in der neuen Rolle]

The person mentioned above is in psychological and medical treatment for sex reassignment surgery (male to female). It is therefore required for this person to live in public in her desired role as a female.

Authorities are asked to cooperate und support this process by treating this person with respect and appropriate behavior which is in accordance with the visible appearence.

This supplement information is valid for the named person in connection with the mentioned legal document.

[Stempel und Unterschrift des Therapeuten/der Therapeutin]

Auch wenn dieses Schreiben kein amtliches Dokument ist, hat sich dieses Vorgehen doch bewährt. Zum einen erhöht es die Selbstsicherheit der Transfrauen und Transmänner, da sie wissen, dass sie bei sich anbahnenden Komplikationen dieses Schreiben jederzeit hervorholen und der anderen Person unauffällig hinhalten können. Zum anderen hat die Präsentation dieses Schreibens erfahrungsgemäß auf die Person, der es gezeigt wird, eine gute Wirkung. Aus Berichten von Transmenschen weiß ich, dass in Fällen, in denen sie mein Schreiben an Post- und Bankschaltern, beim Einchecken an Flughäfen oder bei Polizeikontrollen vorgewiesen haben, keine peinliche Diskussion entstanden ist bzw. gleich zu Beginn gestoppt werden konnte, weist es doch darauf hin, dass der Rollenwechsel nicht eine »Laune« der betreffenden Person ist, sondern Teil eines fachlich begleiteten psychologisch-medizinischen Prozesses der Angleichung an das andere Geschlecht.

»Transphobie« und Gewalt gegen Transmenschen

Der Begriff »Transphobie« wurde in Analogie zu »Homophobie« gebildet. Damit sind Feindseligkeit und manifeste Gewalt gegenüber Transmenschen gemeint. Wie bei der Homo*phobie* verschleiert nach meiner Ansicht auch der Begriff der Trans*phobie* die Brisanz dieser negativen Einstellung und des daraus resultierenden Verhaltens. Bekanntlich bezeichnen wir ja mit dem Begriff »Phobie« die Tatsache, dass jemand einen bestimmten Gegenstand oder eine bestimmte Situation (z. B. große Menschenansammlungen) fürchtet und deshalb meidet. Homophobe und transphobe Menschen meiden jedoch Homosexuelle und Transmenschen keineswegs, sondern beschäftigen sich im Gegenteil außerordentlich intensiv mit ihnen, verfolgen sie mit ihrem Hass und schrecken selbst vor Gewalt ihnen gegenüber nicht zurück. Ich bevorzuge deshalb statt des Begriffs »Transphobie« die Bezeichnung »Feindseligkeit gegen Transmenschen«.

Bei der Darstellung der Probleme, mit denen Transmenschen sich in der Öffentlichkeit konfrontiert sehen können, habe ich bereits Situationen geschildert, in denen Transmenschen diskriminiert und durch respektloses Verhalten oder abfällige Bemerkungen psychisch verletzt worden sind. Obwohl die Akzeptanz von Transidentität sich in den letzten Jahren verbessert hat, dürfen wir uns doch nicht darüber hinwegtäuschen, dass es in der Bevölkerung auch Feindseligkeit gegenüber Transfrauen und Transmännern gibt und sich mitunter in massiven Gewaltakten äußert. So berichtet das *Trans Murder Monitoring*, eine internationale Organisation, die die Zahl der Morde an Transidenten sammelt und analysiert, von weltweit 265 Morden innerhalb eines Jahres (von November 2011 bis November 2012; siehe auch die Mitteilungen des *Transgender Networks Switzerland*, TGNS).

Diese Information mag Sie als Angehöriger, Freundin oder Arbeitskollege eines Transmenschen erschrecken. Rechtfertigt sie nicht Ihre Befürchtung, die Ihnen privat oder beruflich nahestehende Transfrau oder der Transmann sei in besonderem Maße gefährdet, Opfer von Gewalt zu werden? Es wäre unsinnig und wohl auch gefährlich, die Realität der Feindseligkeit gegenüber Transmenschen zu leugnen. Ebenso unsinnig ist es aber auch, sie zu dramatisieren und sich davon in Angst und Panik treiben zu lassen. Dies gilt für Sie als Familienmitglied ebenso wie für die Transmenschen selbst.

Wir müssen heute davon ausgehen, dass letztlich jeder Mensch Opfer einer Gewalttat werden kann, zeigen doch beispielsweise Berichte über Gewaltakte Jugendlicher, dass diese wahllos und ohne jeglichen ersichtlichen Grund gegenüber irgendwelchen, ihnen zufällig begegnenden Passanten gewalttätig werden, unabhängig von Alter, Geschlecht oder anderen Merkmalen.

Auch wenn es zum Teil Taten mit erheblicher Gewalt sind und die Berichte oft medial besonders reißerisch aufbereitet werden, wäre es doch unrealistisch, daraus den Schluss zu ziehen, wir stünden dauernd in Gefahr, Opfer von Gewalt zu werden. Dasselbe gilt es für Transmenschen. Sie unterliegen zwar einem größeren Risiko, insbesondere wenn sie als »trans« erkennbar sind. Aber auch sie sind in Mitteleuropa im täglichen Leben nicht in dem Maße gefährdet, dass Sie als Angehöriger oder Freundin in dauernder Angst um sie leben müssten.

Hinzu kommt, dass wir alle zumindest ein Stück weit Einfluss darauf nehmen können, ob wir einer besonderen Gefahr ausgesetzt sind oder nicht. So ist es auch für Transmenschen, vor allem für Transfrauen, deren Passing (noch) nicht optimal ist, d. h. die relativ leicht als biologische Männer erkennbar sind, wichtig, sich möglichst nicht in einer Umgebung aufzuhalten, die als transidentitätsfeindlich bekannt ist. Ein Schutzfaktor kann auch sein, in einer solchen Umgebung nicht allein, sondern zusammen mit anderen Personen unterwegs zu sein. Schließlich kann auch die Wahl der Kleidung einen Einfluss haben, da besonders auffällige Bekleidung die Aufmerksamkeit der Umgebung, und so auch der potenziellen Gewalttäter, in verstärktem Maße auf die Transfrau lenkt und sich dann Feindseligkeit gegen sie richtet.

Eine solche Argumentation könnte nun den Schluss nahelegen, die Opfer von Gewalt seien letztlich selbst schuld, indem sie sich zur falschen Zeit am falschen Ort in der falschen Kleidung aufhielten. Doch dies ist absolut nicht gemeint! Jede Person soll sich an jedem Ort zu jeder Zeit und in jeder Art von Bekleidung bewegen dürfen, ohne Opfer von Gewalt zu werden. Im Wissen darum, dass in unserer Gesellschaft die Gefährdung je nachdem, wo wir uns aufhalten, und je nach unserem Aussehen und Verhalten unterschiedlich groß ist, erscheint es mir aber wichtig, dass wir alles in unserer Macht Stehende tun, um in größtmöglicher Sicherheit zu leben. Dies gilt auch oder sogar in besonderem Maße für Transmenschen, die, wie die vom *Trans Murder Monitoring* publizierten Daten zeigen, nachweislich einem größeren Risiko ausgesetzt sind, Opfer von Gewalt zu werden als die Durchschnittsbevölkerung. Aber auch sie müssen sich in unserer Gesellschaft an jedem Ort zu jeder Zeit und in jeder beliebigen Bekleidung bewegen dürfen. Da die Realität aber zeigt, dass sie gefährdeter sind als andere Menschen, ist es im Sinne des Selbstschutzes sinnvoll, dass sie alles vermeiden, was ihr Risiko erhöhen könnte.

Das Fazit dieser Überlegungen lautet: Als Angehörige und Freunde von Transmenschen müssen Sie sich keine besonders großen Sorgen machen. Allenfalls können Sie Ihre Befürchtungen mit der Ihnen nahestehenden Transperson besprechen und gemeinsam nach Wegen suchen, die das Gefährdungsrisiko möglichst gering halten.

An dieser Stelle der Diskussion drängt sich die Frage auf, wie wir die Feindseligkeit gegenüber Transmenschen erklären können. Ich habe bereits in Kapitel 2 darauf hingewiesen, dass Transmenschen, wie wohl keine andere Gruppe von Menschen, an den »Grundfesten« unserer Gesellschaft rütteln, indem sie die uns selbstverständlich erscheinende Aufteilung von Menschen in Frauen und Männer in Frage stellen. Indem ein biologischer Mann von sich sagt, er seine eine Frau, und eine biologische Frau sich als Mann bezeichnet, geraten die *dichotomen Geschlechtervorstellungen* ins Wanken, was im Allgemeinen zu einer erheblichen Verunsicherung der Umgebung führt.

Gefühle der Verunsicherung können zu unterschiedlichen Reaktionen führen. Sie können uns neugierig auf das uns Fremde machen. Sie können aber auch zur Ablehnung der Person führen, welche die Ursache der Verunsicherung ist. Oft kommt es in solchen Situationen dazu, dass die Person, welche die Umgebung durch ihre Erscheinung oder ihr Verhalten irritiert, nicht nur abgelehnt, sondern sogar attackiert und Opfer von Gewalt wird. Dies ist eine Dynamik, die wir immer wieder im sozialen Raum erleben können. Da Transmenschen eine erhebliche Verunsicherung in ihrer Umgebung auslösen und deshalb mitunter als ausgesprochen provokativ empfunden werden, richten sich gegen sie in besonderer Weise Aggressionen, bis hin zur manifesten Gewalt.

Eine andere Ursache für die Ablehnung von Transmenschen liegt darin, dass sie auch die *gängigen Rollenvorstellungen von Frau und Mann in Frage stellen*. Dadurch fühlen sich vor allem Männer provoziert, die oft stark an ihren traditionellen – patriarchalen – Rollen mit der daran gebundenen Macht hängen. Solche Männer fühlen sich durch Transmenschen insofern provoziert und in ihrer Machtposition gefährdet, als gerade Transfrauen und Transmänner zeigen, dass Privilegien und Rechte nicht am biologischen Geschlecht festgemacht werden können, sondern sozial definiert sind. Die gegen Transmenschen gerichtete Gewalt ist eine Reaktion auf die *Infragestellung der traditionellen patriarchalen Männerrollen.*

Ausgrenzungen im Familien- und Freundeskreis

Es sind indes nicht nur Fremde und entfernte Bekannte, unter deren feindseligen Reaktionen Transmenschen leiden. Ablehnung und Ausgrenzung können vielmehr auch aus dem engsten Familien- und Freundeskreis kommen. Sind schon aggressive Reaktionen Fremder verletzend, so ist die Traumatisierung nochmals größer, wenn etwa Eltern, Geschwister oder engste Freundinnen und Freunde sich abwenden, wenn eine Transfrau oder ein Transmann ihnen eröffnet, sie bzw. er sei transident. Wie aus den bisherigen Ausführungen hervorgeht, sind Transmenschen in ihrem Coming-out ja gerade besonders auf Angehörige und ihnen nahestehende Menschen angewiesen, die sie in ihrer Identität anerkennen und ihnen mit Rat und Tat zur Seite stehen. Wenn gerade diese Menschen den Kontakt abbrechen oder auf jede nur mögliche Art versuchen, den Weg der Transfrau oder des Transmannes zu behindern, so trifft dies besonders hart.

Glücklicherweise ist es nicht die Regel, dass nahe Angehörige wie Eltern und Geschwister oder enge Freunde den Kontakt abbrechen, wenn ein Transmensch ihnen seine wahre Identität preisgibt und seinen Wunsch erklärt, den Körper dem anderen Geschlecht angleichen zu lassen. Vielleicht haben Sie selbst erlebt, dass Sie völlig konsterniert waren, als Sie das erfahren haben. Möglicherweise haben Sie als Elternteil zunächst sogar heftig reagiert und sich geweigert, die Transidentität Ihres Kindes zu akzeptieren. Auch wenn dies für Ihr Kind sicher nicht einfach war, müssen Sie sich Ihrer Reaktion nicht schämen. Für die meisten Menschen wäre es auch ein Schock, wenn der Sohn mitteilt, er sei eine Frau, oder die Tochter eröffnet, sie sei ein Mann.

Wichtig ist in einer solchen Situation, dass Sie selbst und Ihr Kind das Ganze als einen Prozess sehen, in dem Sie nicht bei Ihrer ersten Reaktion stehen bleiben, sondern durch die Auseinandersetzung mit diesem

Thema und durch die Gespräche mit Ihrem Kind nach und nach eine andere – nämlich positive – Einstellung zur Transidentität Ihres Kindes finden können. Dasselbe gilt für Konflikte zwischen der Transfrau und ihrer Ehefrau bzw. dem Transmann und seinem Ehemann. Ich werde auf diese Situation noch ausführlich in Kapitel 9 eingehen.

Doch leider kommt es nach anfänglich heftigen negativen Reaktionen der Umgebung nicht immer zu einer Aussöhnung zwischen Angehörigen und Transmenschen und schließlich zur Akzeptanz ihrer Transidentität. Wenn Sie selbst sich als Elternteil oder Partner/in eines Transmenschen in einer solchen Situation befinden, so sollten Sie alles dazu tun, die Beziehung nicht abreißen zu lassen. Auch wenn Sie als Elternteil oder Partner/in – aus welchen Gründen auch immer – den Eindruck haben, die Transidentität Ihres Angehörigen niemals akzeptieren zu können, dürfen Sie nicht vergessen, dass ein Beziehungsabbruch für beide Seiten mit großem Leid verbunden ist.

Es lohnt sich deshalb, alles zu versuchen, um im Gespräch miteinander zu bleiben. Wenn die Fronten zwischen Ihnen so verhärtet sind, dass es beiden Teilen unmöglich erscheint, aufeinander zuzugehen, suchen Sie fachliche Hilfe. Die Therapeutin bzw. der Therapeut, die/der Ihr Kind oder Ihren Ehegatten begleitet, ist sicher bereit, mit der ganzen Familie bzw. mit Ihnen als Elternteil oder Partner/in und Ihrem transidenten Angehörigen ein Gespräch zu führen. In einer solchen Situation ist die sachliche Information eminent wichtig. Denn oft stehen nach meiner Erfahrung hinter der vehementen Ablehnung von Eltern und Partnern große Ängste um die Transperson und ihr weiteres Wohlergehen. Geben Sie als Elternteil oder Partner/in sich die Zeit und die Chance, sich mit der Transperson zu verständigen und damit eine Basis für den weiteren gemeinsamen Weg zu schaffen.

Wenn Sie als Bruder, Schwester, Freund oder Freundin einer Transfrau oder eines Transmannes Zeuge von Konflikten zwischen Eltern oder Partner und der Transperson sind, kann Ihnen eine wichtige Vermittlerfunktion zukommen. Sie sind den am Konflikt Beteiligten gleichermaßen nahe und können als eine Person, die selbst die Transidentität akzeptiert, bei den Eltern oder dem Partner bzw. der Partnerin für Verständnis gegenüber der Transperson werben, ihnen bei der Suche nach sachlicher Information behilflich sein und mit ihnen über die Hintergründe ihrer Ablehnung sprechen.

Im Dialog mit der Ihnen ebenfalls nahestehenden Transperson können Sie ebenso für Verständnis gegenüber Eltern und Partner werben und ihr klarmachen, dass sie den Angehörigen Zeit lassen muss und gut beraten ist, den Kontakt ihrerseits nicht total abbrechen zu lassen. Selbstverständlich muss sich die Transperson vor weiteren Verletzungen schützen. Doch muss dies nicht heißen, gar keinen Kontakt mehr mit den Angehörigen zu pflegen, sondern es kann vielleicht lediglich bedeuten, dass der Kontakt seltener wird oder ein Zusammensein nur in Gegenwart Dritter, welche die Transidentität akzeptieren, möglich ist.

Hilfreich für alle Beteiligten, Angehörigen, Freundinnen und Freunde, die mit der Transidentität einer ihnen nahestehenden Person Probleme haben, kann auch der Kontakt zu anderen Transmenschen oder zu einer Selbsthilfegruppe für Angehörige von Transmenschen sein. Leider gibt es noch nicht viele Selbsthilfegruppen dieser Art. Die Adressen solcher Personen und Institutionen finden Sie am besten über lokale, nationale und internationale Trans-Organisationen (siehe Anhang).

Das Hauptziel in allen Fällen, in denen es zu massiven Konflikten zwischen Transmenschen und ihren Angehörigen kommt, muss sein, tiefgehende, vielleicht nie wiedergutzumachende Verletzungen auf beiden Seiten zu vermeiden und den Dialog nicht abreißen zu lassen. Wenn Vermittlungsversuche durch private Bezugspersonen sich als unzureichend erweisen oder von einem oder allen Beteiligten wegen angeblicher oder tatsächlich bestehender Befangenheit abgelehnt werden, sollte Hilfe bei Fachleuten gesucht werden. Sie müssen in diesem Fall aber darauf achten, Fachleute zu finden, die Erfahrungen mit Transmenschen haben und der Transidentität gegenüber keine Vorurteile haben. Anderenfalls werden die Angehörigen in noch tiefere Konflikte gestürzt und die Transmenschen zusätzlich verletzt, wenn die Fachleute sich negativ über Transidentität äußern.

Ich habe in meiner Praxis von einigen prekären Situationen dieser Art erfahren, in denen Transmenschen und ihre Angehörigen eine Beratung bei Fachleuten gesucht haben, die eine negative Einstellung gegenüber Transidentität hatten und dringend von weiteren Schritten auf dem Weg der Angleichung an das andere Geschlecht abrieten. Dies hatte zur Folge, dass sich die Fronten zwischen den Angehörigen und dem Transmenschen nochmals verhärteten und die Ausgrenzung der Transfrau oder des Transmannes an Schärfe zunahm. Für den Transmenschen resultierten daraus erneute schwere Verletzungen. Das Fazit war in diesen Fällen zum Teil der völlige Beziehungsabbruch zwischen den Angehörigen und der Transperson oder ein von immer wieder neu aufbrechenden Konflikten geprägtes Zusammenleben, das für alle Beteiligten unendliches Leid mit sich brachte.

Ausgrenzung von Transkindern

Es war in diesem Kapitel bisher ausschließlich die Rede von erwachsenen Transmenschen. Wie in Kapitel 7 geschildert, eröffnen heute aber zunehmend auch Kinder und Jugendliche ihren Eltern, dass sie »trans« seien. Dies bedeutet, dass sich diese Kinder in der Schule und im Kreis ihrer Kameradinnen und Kameraden und deren Eltern outen müssen. Bei umsichtiger Handhabung dieser Situation mit Hilfe von Eltern, Therapeutinnen und Therapeuten sowie Lehrerinnen und Lehrern gelingt dies oft sehr gut. Insofern müssen Sie als Eltern nicht fürchten, Ihr Transkind werde in der Schule und im Freundeskreis massiv ausgegrenzt oder gar Opfer manifester Gewalt.

Dennoch ist es für Kinder, verglichen mit erwachsenen Transmenschen, ungleich schwieriger, ihr Coming-out erfolgreich zu bewältigen. Und außerdem müssen auch Sie als Elternteil, wie in Kapitel 5 beschrieben, einen Coming-out-Prozess durchmachen, in dessen Verlauf Sie sich zunächst damit auseinandersetzen müssen, dass Ihr Kind »trans« ist, und dies akzeptieren. In einem zweiten Schritt gilt es dann für Sie, ebenso wie für Ihr Kind, der Umgebung zu vermitteln, dass Ihr Sohn ein Mädchen bzw. Ihre Tochter ein Junge ist. Ich habe in Kapitel 7 die besondere Situation solcher Familien beschrieben. Im vorliegenden Kapitel geht es mir darum, die Frage zu diskutieren, ob und wenn ja mit welchen Diskriminierungen Sie rechnen müssen und wie Sie diese vermeiden bzw. ihnen wirkungsvoll entgegentreten können.

Ausgrenzungen in Form von Sich-Distanzieren und Verspotten bis hin zu manifester Gewalt befürchten Sie wahrscheinlich in erster Linie von Seiten der Klassenkameradinnen und -kameraden Ihres Kindes. Dies ist jedoch nicht zwangsläufig so, sondern hängt unter anderem vom Alter Ihres Kindes und seiner Mitschülerinnen und Mitschüler ab. Vorpubertäre Kinder haben im Allgemeinen weniger Probleme damit, dass sich ein anderes Kind nicht geschlechtsrollenkonform verhält. Im Pubertätsalter hingegen sind die Jugendlichen stark mit ihrer Sexualität und ihren Rollen als Mädchen oder Jungen beschäftigt und deshalb oft wesentlich weniger tolerant »Abweichenden« gegenüber. Später, in der Adoleszenz, wenn die Heranwachsenden sich in ihrer Identität gefestigt haben und sich in ihren Rollen sicherer fühlen, dominiert dann eher wieder eine akzeptierende Haltung.

Daraus ergibt sich, dass es am günstigsten ist und sich Diskriminierungen in der Schule am ehesten vermeiden lassen, wenn Ihr Kind den Schritt in die Rolle des anderen Geschlechts in der Vorpubertät oder in der Adoleszenz macht. Nur können Sie dies im Allgemeinen nicht frei entscheiden, sondern müssen sich mit den Bedingungen auseinandersetzen, die ab dem Augenblick bestehen, in dem Ihr Kind Ihnen mitteilt, dass es »trans« ist. Wenn dies in der Vorpubertät geschieht, ist es im Allgemeinen sinnvoll, den Schritt in die neue Rolle in dieser Zeit zu tun.

Selbstverständlich kann eine solche Entscheidung aber nur bei individueller Abwägung aller wichtigen Faktoren getroffen werden. Dazu gehört neben dem Alter Ihres Kindes und seiner Klassenkameradinnen und -kameraden auch, ob der Coming-out-Prozess von den Lehrerinnen und Lehrern mitgetragen wird und ob es gelingt, auch die Eltern der anderen Kinder als Unterstützende oder zumindest als Akzeptierende zu gewinnen. Die Erfahrung zeigt, dass heute Lehrerinnen und Lehrer im Allgemeinen ein hohes Maß an Verständnis für Transkinder aufbringen und den Coming-out-Prozess dieser Kinder mittragen.

Dies setzt allerdings eine enge Zusammenarbeit von Eltern und Schule voraus. Als hilfreich hat es sich auch erwiesen, wenn bei der Planung des Coming-out Fachleute, die Erfahrung mit Transkindern haben, einbezogen werden. Sie bieten den Transkindern und ihren Eltern nicht nur eine individuelle Begleitung und einen geschützten

Raum, in dem die möglicherweise auftretenden Probleme besprochen werden können und nach Lösungen gesucht wird, sondern sie können auch die Lehrerinnen und Lehrer beraten und sich zur Information der anderen Schülerinnen und Schüler über das Phänomen »Transidentität« zur Verfügung stellen.

Um Ihr Kind in diesem Prozess besser vor Diskriminierungen in der Schule zu schützen, kann es, wie schon erwähnt, sinnvoll sein, gemeinsam mit den Mitschülerinnen und Mitschülern einen Film zum Thema Transidentität anzuschauen. Da die im Handel befindlichen Spielfilme zum Thema »trans« jedoch nie exakt die Situation Ihres Kindes und Ihrer Familie treffen können, ist es wichtig, dass sich an das gemeinsame Anschauen eines Films stets eine ausführliche Diskussion anschließt. Ein Film wie beispielsweise *Mein Leben in Rosarot*, der das Leben und auch die Probleme eines Transmädchens in eindrücklicher Weise darstellt, bedarf unbedingt der Diskussion mit den Kindern.

Auch wenn es auf diese Weise im Allgemeinen gelingt, in der Klasse Ihres Kindes eine akzeptierende Atmosphäre zu schaffen und damit Diskriminierungen zu vermeiden, darf man nicht vergessen, dass ein Transkind unter Umständen von anderen Kindern oder Jugendlichen, etwa auf dem Weg von der Schule nach Hause, verspottet oder auf andere Weise gemobbt werden kann. Angesichts dieser Gefahr ist es wichtig, dass Ihr Kind geschützt wird. Zum Teil übernehmen das spontan die Klassenkameradinnen und -kameraden von Transkindern. Daneben ist es aber auch wichtig, dass Sie zusammen mit der Schule und dem Ihr Kind begleitenden Psychotherapeuten oder der Ärztin Maßnahmen zum Schutz Ihres Kindes ergreifen.

Eine gewisse Gefahr besteht dabei allerdings darin, dass Sie Ihr Kind aus Sorge, es könne diskriminiert werden und unter dieser Situation erheblich leiden, überbehüten und Sie als Familie gleichsam eine »Festung gegen die böse Welt« bilden. Dies mag gut gemeint sein, wird aber Ihrem Kind im Allgemeinen nicht zuträglich sein, da seine Selbstständigkeit unter Umständen darunter leidet. Um diese Gefahr zu vermeiden, ist es sinnvoll, den Coming-out-Prozess und die dabei nötigen Schritte mit dem begleitenden Psychotherapeuten oder der Ärztin und den Lehrerinnen und Lehrern abzusprechen.

Wie erwähnt, durchlaufen auch Sie als Elternteil eines Transkindes einen ähnlichen Coming-out-Prozess wie Ihr Kind. Auch Sie müssen sich in einer ersten Phase mit der Transidentität Ihres Kindes auseinandersetzen und sie akzeptieren und dann im zweiten Schritt damit an die Umgebung herantreten. Dabei können sich auch Angriffe gegen Sie als Eltern richten, etwa von Seiten anderer Eltern, aber unter Umständen auch von Lehrerinnen und Lehrern, dem Haus- oder Kinderarzt oder auch von Familienangehörigen, indem Ihnen vorgeworfen wird, dass Sie Ihr Kind nicht vom Rollenwechsel abhalten. Massive Kritik kann sich auch von verschiedenen Seiten erheben, wenn es um die Frage der Applikation von pubertätsblockierenden Medikamenten geht, denen Sie zugestimmt haben.

Auch wenn etliche Zentren, die viel Erfahrung mit der hormonellen Behandlung von Transkindern haben, diesbezüglich eher die Ansicht vertreten, dass die Gabe solcher Medikamente sinnvoll sei, besteht doch selbst in Fachkreisen im Hinblick auf diese Frage keine Einigkeit. Umso mehr müssen Sie als Eltern eines Transkindes mit Widerständen und Vorwürfen rechnen, die von Dritten ausgehen und sich gegen Sie richten.

Um solchen Diskussionen gewachsen und durch kritische Anfragen nicht verletzt zu sein, ist es wichtig, dass Sie zusammen mit den zuständigen Fachleuten eine wohldurchdachte Entscheidung treffen und die Hauptargumente für den Rollenwechsel und die mögliche Applikation von pubertätsblockierenden Medikamenten kennen und selbstbewusst vertreten können.

Diskriminierungen durch Fachleute

Die Formulierung dieser Überschrift mag Sie irritieren, werden Sie doch von Fachleuten, die Ihre Transtochter oder Ihren Transsohn oder Ihre Transfreundin begleiten, eine Diskriminierung von Transmenschen am allerwenigsten erwarten. Aber auch mit dieser Möglichkeit müssen Sie rechnen.

Ich habe oben bereits darauf hingewiesen, dass es auch heute noch durchaus Fachleute der Psychiatrie und Psychologie gibt, welche die

Transidentität als psychische Krankheit, als Störung der Geschlechtsidentität, bezeichnen und unter Umständen strikt gegen die hormonelle und chirurgische Angleichung von Transmenschen an das andere Geschlecht sind. Gerät Ihre Transtochter oder Ihr Transsohn an eine solche Fachperson oder suchen Sie als Ehegattin einer Transfrau bei solchen Fachleuten eine Beratung, so wird Ihre Transangehörige durch diese Pathologisierung erheblich verletzt, und Sie als Familienmitglied, Freundin oder Freund werden in Zweifel gestürzt, woraus unter Umständen schwerwiegende Konflikte mit der betreffenden Transperson resultieren.

Weniger offenkundig, aber nicht minder diskriminierend, ist es für Transmenschen, dass sie nicht nur das Etikett »krank« tragen, sondern dass die Erfüllung ihres Wunsches nach hormoneller Behandlung und Operation sowie nach Personenstandsänderung von der Entscheidung von Fachleuten abhängt. So müssen sich Transmenschen begutachten lassen, um die Erlaubnis zu erhalten, sich operieren zu lassen. Je nach Land, in dem sie leben, sind es zum Teil mehrere Gutachten. Transmenschen befinden sich damit in einer erheblichen Abhängigkeit von anderen Entscheidungsträgern, was letztlich eine Diskriminierung bedeutet, da ihnen das Recht auf eine selbstständige Entscheidung verweigert wird.

Viele Transfrauen und Transmänner arrangieren sich mit dieser Situation, indem sie sich selbst nicht als »krank« sehen, diese Etikettierung aber als Hürde akzeptieren, die sie auf ihrem Weg der Angleichung an das andere Geschlecht in Kauf nehmen müssen. Ebenso ist es mit den Begutachtungen, von denen sie wissen, dass sie sich dieser Forderung fügen müssen, um ihren Weg gehen zu können. Dennoch stellt diese Situation immer auch eine Kränkung dar und ist eine Diskriminierung von Transmenschen. Es ist zu hoffen, dass in nicht allzu ferner Zukunft die psychiatrische Diagnose »Transsexualität« (und auch die im DSM-V geplante Diagnose der »Geschlechtsdysphorie«) in den Diagnosesystemen gestrichen wird – damit die Transidentität also entpathologisiert wäre – und der Zwang zur Begutachtung aufgehoben wird.[16] Anstelle von Begutachtungen könnte man vor der Einleitung hormoneller und chirurgischer Interventionen eine Beratung durch Fachleute anbieten, die über die zu ergreifenden Maßnahmen mit ihren Konsequenzen informieren und zusammen mit den betreffenden Transfrauen und Transmännern das Pro und Kontra der verschiedenen Schritte abwägen. Die letzte Entscheidung läge dann aber bei den Transmenschen selbst.

Fazit

Es mag Sie erschrecken, in wie vielen Bereichen des Lebens Transmenschen Opfer von Diskriminierungen, ja sogar von manifester Gewalt werden können. Dies ist eine bittere Realität, die wir nicht leugnen dürfen und mit der Transmenschen selbst und auch Sie als Familienmitglied, Freund, Freundin, Kollege oder Kollegin rechnen müssen. Dennoch wäre es ein unrealistisches, allzu einseitiges Bild, das Leben von Transmenschen nur durch die Brille dieser Probleme anzuschauen.

Schwierige Lebensumstände können zwar zu erheblichen Belastungen für uns Menschen generell werden, und nicht selten haben sie für den betreffenden Menschen unheilvolle Folgen. Oft aber entwickeln Menschen durch die Konfrontation mit Schwierigkeiten und Krisen auch eine besondere Stärke und reifen an der Auseinandersetzung damit.

Der amerikanische Schriftsteller Edmund White hat in einem Essay in Bezug auf homosexuelle Menschen die Ansicht vertreten, die spezielle Situation, in der sie in einer von der Heterosexualität geprägten Gesellschaft leben, könne zu einer besonders reflektierten, reifen Persönlichkeitsentwicklung führen.[17] Von früh auf zu spüren, »anders« als die Majorität (nämlich homosexuell und nicht heterosexuell) zu sein, fördere die Auseinandersetzung mit der eigenen Persönlichkeit und die Reflexion über sich selbst und andere Menschen. Edmund White spricht deshalb von einer philosophischen Grundhaltung, die auf diese Weise bei homosexuellen Menschen entstehen könne.

Da sich Transmenschen in einer ähnlichen, wenn auch noch viel extremeren Situation des »Andersseins« befinden, lässt sich Edmund Whites Überlegung meines Erachtens sehr gut auch auf Transmenschen anwenden. Unter diesem Aspekt wäre die Transidentität nicht ein beklagenswertes Schicksal, das vor allem große Belastungen für die Transfrauen und Transmänner mit sich bringt, sondern eine gewiss nicht immer einfache Identität und Lebensform, an denen Transmenschen aber wachsen und die ihnen zu einer besonderen Reife verhelfen können.

Auf den Punkt gebracht

- Was die berufliche Situation betrifft, *kann* der Rollenwechsel Probleme mit sich bringen. Transmenschen selbst bestimmen aber wenigstens zum Teil mit, wie die Umgebung auf sie reagiert.
- Auch in der Öffentlichkeit müssen Transmenschen unter Umständen mit Ausgrenzungen und für sie peinlichen Situationen rechnen. Die Realität zeigt aber, dass sie vielfach doch zuvorkommend und höflich behandelt werden. Damit beim Kontakt der Transmenschen mit offiziellen Stellen nach dem Rollenwechsel keine Probleme entstehen, hat es sich bewährt, dass sie eine Bescheinigung einer Fachperson mit sich führen, die bestätigt, dass das Auftreten in der Kleidung des anderen Geschlechts im Rahmen einer psychologisch-medizinischen Maßnahme erfolgt.
- Transmenschen sind nachweislich in höherem Maße als andere gefährdet, Opfer von Gewalt zu werden. Als Angehörige oder Freund müssen Sie jedoch in Mitteleuropa nicht permanent in Angst und Sorge um die Ihnen nahestehende Transperson sein.
- Die Feindseligkeit gegenüber Transfrauen und Transmännern ist vor allem darin begründet, dass Transmenschen die in unserer Gesellschaft als selbstverständlich geltende Zweigeschlechtlichkeit (es gibt nur Frauen *oder* Männer, nichts dazwischen) und die traditionellen Rollen von Frau und Mann in Frage stellen, was besonders bei Männern mit patriarchalen Rollenvorstellungen Ablehnung hervorruft.
- Auch im Familien- und Freundeskreis kann es Diskriminierungen und Ablehnung von Transmenschen geben, wenn sie sich outen. Dies ist eine sie sehr verletzende Situation, da sie gerade bei ihrem Coming-out in besonderem Maße auf die Unterstützung und Solidarität ihnen nahestehender Menschen angewiesen sind.

- Wenn Sie Zeuge von massiven Konflikten in Familien mit einem Transmitglied werden, können Sie einen wichtigen Beitrag zur Lösung der Probleme leisten, indem Sie sich als Vermittler anbieten, den Beteiligten bei der Suche nach einer Fachperson behilflich sind und sie auf Selbsthilfegruppen für Transmenschen und ihre Angehörigen (siehe Anhang) hinweisen.
- Auch Transkinder können Opfer von Diskriminierung und Gewalt werden. Um dies zu vermeiden, ist eine sorgfältige Abstimmung mit den Lehrerinnen und Lehrern bei allen Schritten, die mit dem Coming-out Ihres Kindes verbunden sind, notwendig. Sinnvoll ist auch eine psychotherapeutische Begleitung Ihres Kindes, wobei die Fachperson auch in die Planung der Coming-out-Schritte und der Sozialisation in der Rolle des anderen Geschlechts einbezogen werden sollte.
- Diskriminierungen von Transmenschen können auch von »Fachleuten« ausgehen, wenn sie die Transidentität als »psychische Erkrankung« ansehen und unter Umständen die hormonelle und chirurgische Angleichung an das andere Geschlecht ablehnen. Eine Diskriminierung besteht auch darin, dass Transmenschen in ihren Entscheidungen bezüglich der körperlichen Angleichung an das andere Geschlecht und der Personenstandsänderung auf Gutachten angewiesen sind und ihnen damit die Möglichkeit einer selbstverantwortlichen Entscheidung versagt wird. In dieser Hinsicht sind baldmöglichst Änderungen in der Rechtsprechung wünschenswert.
- Die genannten Gefahren, Opfer von Diskriminierung und Gewalt zu werden, sollten bei Transmenschen selbst und bei Ihnen als Angehöriger oder Freundin nicht zu einer ängstlich-resignativen Haltung führen. Sehen Sie darin auch die Chance der Transfrau oder des Transmannes, sich bewusst mit der eigenen – von der Majorität abweichenden – Identität auseinanderzusetzen und daran zu reifen.

9. Meine Frau ist ein Mann – mein Mann eine Frau

Nicht selten gehen Transmenschen in jüngeren Jahren eine Ehe ein. Zum Teil »stimmt« die Beziehung zu der betreffenden Partnerin bzw. dem betreffenden Partner so, d. h. es ist eine für beide Beteiligten erfüllende Liebesbeziehung. Zum Teil liegt der Eheschließung aber auch die Vorstellung zugrunde, durch die Beziehung zur Ehegattin bzw. zum Ehegatten die »Trans«-Gefühle in den Hintergrund drängen zu können oder auch ganz frei von ihnen zu werden. Auch in diesem Fall sind es authentische Beziehungen und keineswegs »pro-forma«-Beziehungen, etwa um irgendwelchen gesellschaftlichen Vorgaben zu entsprechen.

Dies sollten Sie als Ehefrau bzw. Ehemann einer Transperson unbedingt berücksichtigen, wenn Ihnen Ihr Mann bzw. Ihre Frau eröffnet, »trans« zu sein. Vielleicht haben Sie sich bereits seit einiger Zeit gewundert, dass Ihre Frau sich so »männlich« kleidet und verhält. Oder Sie haben bei Ihrem Mann Frauenunterwäsche oder andere weibliche Kleidungsstücke entdeckt und sich befremdet gefragt, warum er die wohl gekauft hat. Am ehesten haben Sie in dieser Situation wahrscheinlich an fetischistische Neigungen gedacht. Solche Zeichen haben Sie aber zumeist nicht auf die Idee gebracht, Ihr Mann könne eine Transfrau oder Ihre Frau ein Transmann sein.

Und nun kommt plötzlich die Mitteilung, er sei eine Frau bzw. sie ein Mann! Für die meisten Partnerinnen und Partner ist dies ein massiver Schock. Sie verstehen die Welt nicht mehr. Ihr Ehemann, der biologisch ein Mann ist und den Sie als solchen lieben und begehren, will eine Frau sein? Oder Ihre Ehefrau, die Sie als biologische Frau wahrnehmen und begehren, will ein Mann sein? Und sie bzw. er begnügt sich nicht damit, ab und zu die Kleidung des anderen Geschlechts zu tragen, sondern will nun auch den Körper an das andere Geschlecht angleichen lassen?

Damit wird Ihre gesamte Welt auf den Kopf gestellt, und Sie fragen sich voller Angst, welche Konsequenzen dies für Sie persönlich, für Ihre Ehe und, falls Sie Kinder haben, für die ganze Familie haben wird (zur Situation der Kinder von Transmenschen siehe die folgenden Kapitel 10 und 11). Und was bedeutet der Wunsch nach hormoneller und chirurgischer Angleichung an das andere Geschlecht für die soziale und finanzielle Situation Ihrer Familie? Fragen über Fragen, die nun aufbrechen und Sie in Gefühle der Ratlosigkeit, Verwirrtheit und tiefen Kränkung stürzen. Hinzu kommt die Scham vor der Reaktion Ihres sozialen Umfelds, was zur Folge hat, dass Sie mit niemandem darüber sprechen und mit Ihrem belastenden Geheimnis allein sind.

Dies sind Gefühle, die sicher alle Partnerinnen und Partner von Transmenschen in der einen oder anderen Form erleben. Das folgende Beispiel möge der Veranschaulichung dienen, wobei ich hier noch einmal ausdrücklich darauf hinweisen möchte, dass es große individuelle Unterschiede gibt, wie Paare mit einer solchen Situation umgehen. Deshalb stellt dieses Beispiel nur *eine* von vielen Möglichkeiten dar. Letztlich gibt es so viele Varianten, wie es Paare gibt.

Peter Hausmann (40 Jahre) ist Ingenieur bei einem großen Schweizer Industriebetrieb. Im Rahmen seiner Tätigkeit muss er seit einiger Zeit monatlich ein bis zwei zum Teil mehrtägige Reisen in verschiedene europäische und außereuropäische Städte unternehmen. Sosehr ihn dies einerseits schmerzt, weil es jeweils Trennungen von seiner Ehefrau Marianne (38 Jahre) und seinen beiden Töchtern (3 und 5 Jahre) mit sich bringt, so glücklich ist er andererseits, dass ihm die Abwesenheiten von seiner Familie die Möglichkeit bieten, im Hotelzimmer Frauenkleider zu tragen – ein Bedürfnis, das er seit Kindheit kennt. Waren es in den ersten Schuljahren die Kleider und Unterwäsche, die er aus dem Schrank seiner ein Jahr älteren Schwester entwendete, um sie heimlich anzuziehen, wenn er allein zu Hause war, so waren es in der Adoleszenz vor allem Damenunterwäsche und Nylonstrumpfhosen, die er, wann immer möglich, unter seiner Männerkleidung trug.

Peter Hausmann selbst vermittelte das Tragen dieser weiblichen Kleidungsstücke ein enormes Glücksgefühl. »In solchen Momenten war ich endlich ich selbst«, gestand er später seiner Therapeutin. Zugleich führte das Crossdressing bei ihm aber auch zu großen inneren Spannungen und Schuldgefühlen. So hatte er selbst den

Eindruck, er sei »abnorm«, wenn er ein solches Gefallen am Tragen von weiblicher Kleidung finde. Obwohl er sich so wohl darin fühlte, schämte er sich jahrelang zutiefst dafür und stand permanent unter der Angst, irgendjemand könnte entdecken, dass er Frauenkleider anzieht. Waren es zunächst die Eltern und seine Schwester, vor denen er sein Crossdressing um jeden Preis geheim zu halten versuchte, so waren es später seine Freundinnen, bei denen er fürchtete, sie könnten seine Neigung entdecken.

Im Alter von 30 Jahren hatte Peter Hausmann seine jetzige Ehefrau Marianne kennengelernt. Die beiden waren sich bei einem Volkshochschulkurs begegnet und hatten festgestellt, dass sie sehr ähnliche Vorstellungen von ihrem Leben und vom Umgang mit anderen Menschen hatten. Die große Sympathie, die sie von Anfang an füreinander empfunden hatten, wurde zur Liebe, und nach einem Jahr beschlossen die beiden zu heiraten.

In sexueller Hinsicht harmonierten die Ehegatten miteinander. Marianne Hausmann war Sexualität nicht so wichtig. Sie genoss vor allem die Zärtlichkeit und Fürsorglichkeit, die ihr Mann ihr entgegenbrachte. Peter Hausmann begehrte seine Frau zwar sexuell, hatte aber, wie er es später formulierte, beim intimen Zusammensein mit ihr immer das Gefühl, es »stimme irgendwie nicht«. Sexuelle Erfüllung habe er vor allem dann erlebt, wenn er sich in die Rolle einer Frau fantasiert habe. Dies habe bei ihm aber auch zu Schuldgefühlen geführt, da er sich nachher jeweils vorwarf, er sei »nicht richtig« bei seiner Frau gewesen. Emotional war die Beziehung für beide Ehegatten sehr befriedigend. Peter Hausmann litt allerdings, wie schon früher bei seinen Freundinnen, darunter, dass er beim Zusammensein mit seiner Familie noch viel weniger Möglichkeiten hatte, Frauenkleider zu tragen. Denn dieses Bedürfnis spürte er nach wie vor stark.

In dieser Situation kam der Auftrag seiner Firma, er müsse regelmäßig zum Teil mehrtägige Dienstreisen unternehmen, für Peter Hausmann wie gerufen. Endlich sah er eine Möglichkeit, seine Crossdressing-Bedürfnisse wieder in größerem Umfang zu leben. Seine Frau hatte sich zunächst gewundert, dass ihr Mann so schnell und mit spürbarer Begeisterung auf dieses Angebot seiner Firma eingegangen war. Sie hatte sich diese Reaktion aber damit erklärt,

dass ihm die Reisen ein höheres Prestige in der Firma und auch ein höheres Einkommen brachten.
Einerseits genoss Peter Hausmann die Möglichkeit, sich während dieser Geschäftsreisen im Hotelzimmer in jeder freien Minute als Frau kleiden und schminken zu können. Andererseits machte er sich aber auch große Vorwürfe, weil er seine Frau hintergehe und quasi ein »Doppelleben« führe. Hinzu kam die Angst, sie könnte auf irgendeine Weise doch hinter sein Geheimnis kommen, wenn sie etwa Frauenkleidung in seinem Koffer fände. Um dieser Gefahr vorzubeugen, hatte er sich in seiner Firma einen verschließbaren Schrank organisiert, in dem er seine weiblichen Utensilien aufbewahrte.
Als er dann einmal spät abends, vom Jetlag gequält und todmüde, von einer seiner Dienstreisen zurückkam, hatte er seinen Koffer nicht wie sonst zuerst ins Geschäft gebracht und die weiblichen Kleidungsstücke im Schrank verstaut, sondern war direkt nach Hause gefahren, hatte seinen Koffer in sein Arbeitszimmer gestellt und seiner Frau gesagt, er werde ihn am nächsten Tag auspacken. In der Meinung, ihrem Mann etwas Gutes zu tun, wenn sie ihm diese Arbeit abnehme, hatte Frau Hausmann den Koffer geöffnet und fassungslos darin Damenunterwäsche, zwei Kleider, hochhackige Schuhe und Schminkutensilien entdeckt. Im ersten Moment dachte sie, ihr Mann habe eine Freundin, und dies seien deren Sachen. Doch schnell wurde ihr klar, dass dies Kleidung und Schminksachen waren, die ihr Mann selbst benutzte.
An diese Entdeckung schlossen sich unzählige hochemotional geführte Gespräche zwischen den Ehepartnern an. Frau Hausmann schwankte dabei zwischen Verzweiflung, Wut und Enttäuschung, während ihr Mann schuldbewusst und zunächst bagatellisierend reagierte. Schließlich wurde ihm jedoch klar, dass dies die Gelegenheit war, auf die er, wenn er ehrlich war, eigentlich seit langem gewartet hatte, nämlich seiner Frau endlich »reinen Wein« einzuschenken.
Er berichtete ihr deshalb von seinem seit Kindheit bestehenden Bedürfnis, Frauenkleidung zu tragen, und von seiner jahrelangen Angst, dabei von irgendjemandem entdeckt zu werden. Diese

Informationen brachten Frau Hausmann erneut emotional völlig durcheinander. »War denn die Ehe mit mir eine Farce? War ich dir nur Mittel zum Zweck, damit du durch die Beziehung mit mir von deiner Veranlagung ablenken konntest? Hast du mich überhaupt je geliebt?« Diese und ähnliche Fragen prasselten bei solchen Gesprächen auf Peter Hausmann ein. Zunehmend wurde seiner Frau dabei klar, dass es nicht lediglich »fetischistische Neigungen« waren, wie sie anfangs angenommen hatte, sondern dass ihr Mann, wie er ihr selbst schließlich versicherte, »transident« war.

Dies war eine Marianne Hausmann nochmals stärker verunsichernde Mitteilung. Je mehr die Ehegatten über Peters Transidentität sprachen und Marianne wahrnahm, wie ernst es ihm mit seinem Plan einer hormonellen und chirurgischen Angleichung an das weibliche Geschlecht war, desto klarer wurde ihr auch, dass dies tiefgreifende Auswirkungen nicht nur für ihren Mann, sondern auch für sie und ihre Töchter haben würde.

Ihre spontane Antwort auf Peters Frage bei einem ihrer Gespräche, ob sie mit ihm zusammenbleiben werde, wenn er den Rollenwechsel und die körperliche Angleichung vornehmen werde, war ein deziertes »Nein!« gewesen. »Du glaubst doch nicht im Ernst, dass ich mit dir als ›umgebauter‹ Frau zusammenleben werde. Ich habe einen Mann geheiratet und kann doch jetzt nicht plötzlich umschwenken und mit dir als Frau zusammenleben! Außerdem bin ich nicht lesbisch. Wenn du tatsächlich anfängst, Hormone zu nehmen, und dich am Ende sogar operieren lässt, ist unsere Beziehung zu Ende!«

Dies war eine Antwort, die Herrn Hausmann tief deprimierte. Er selbst konnte sich sehr gut ein Leben mit Marianne auch nach der körperlichen Anpassung an das weibliche Geschlecht vorstellen. Da er sich seiner Frau emotional sehr verbunden fühlte, hatte er insgeheim gehofft, Marianne werde einem weiteren Zusammenleben zustimmen. »Wir können schon wegen der Kinder nicht zusammenbleiben«, hatte sie ihm in einem dieser Gespräche entgegengehalten. »Stell dir mal vor, wie das für unsere Töchter ist, wenn sie ihren Klassenkameraden und all den anderen Menschen, die ihnen nahestehen, sagen müssen, ihr Vater sei plötzlich eine Frau. Wenn du deinen Weg konsequent weitergehen willst, musst du das tun. Aber ohne uns!« Dies war ein weiterer schwerer Schlag für Herrn Hausmann. Denn er hing sehr an seinen Töchtern, und ihm war klar, wie sehr auch er ihnen fehlen würde, wenn er nicht mehr in der Familie leben würde.

Peter Hausmann hatte sich schon seit einiger Zeit im Internet kundig gemacht, ob es in der Nähe seines Wohnorts Psychiater oder Psychologen gab, die Erfahrung in der Begleitung von Transmenschen hatten. Über eines der Transforen erhielt er den Namen einer Psychiaterin, bei der er sich nach den Gesprächen mit seiner Frau anmeldete. Von ihr erfuhr er, wie der Prozess der Angleichung an das weibliche Geschlecht verlaufe: ein Jahr psychotherapeutische Vorbereitung (zur Klärung seiner »transsexuellen Wünsche« sowie seiner persönlichen und beruflichen Situation und der seiner Familie), Alltagstest, hormonelle Behandlung von ca. anderthalb Jahren und schließlich operative Angleichung an das weibliche Geschlecht. Die Psychiaterin erklärte sich bereit, die psychotherapeutische Begleitung während des ganzen Prozesses zu übernehmen und die Kontakte zu dem Endokrinologen und dem plastischen Chirurgen herzustellen. Außerdem verwies sie darauf, dass sie auch gemeinsam mit ihm und seiner Frau sprechen wolle, um zu klären, wie sie zu der geplanten Veränderung stehe. Gegebenenfalls könne vielleicht auch einmal ein Gespräch mit den Ehepartnern und den beiden Töchtern stattfinden.

Auch wenn Herrn Hausmann klar war, dass das weitere Prozedere eine ziemlich große Zeitspanne umfasste, war er über die Aussicht, dass nun »alles in Gang kommt«, sehr beglückt. Zugleich hoffte er, dass Marianne sich in den gemeinsamen Dreiergesprächen mit der Psychiaterin vielleicht doch noch bereitfände, die Ehe mit ihm weiterzuführen.

In Frau Hausmann lösten diese Aktivitäten zwiespältige Gefühle aus: Auf der einen Seite war sie froh, dass Peter endlich eine kompetente Fachperson gefunden hatte, mit der er seine Probleme besprechen konnte. Dabei hoffte sie insgeheim, er werde sich im Rahmen dieser therapeutischen Gespräche wieder von seinem Wunsch nach einem Leben als Frau distanzieren. Auf der anderen Seite löste die begleitende Psychotherapie in Marianne aber auch Ängste aus, dass er sich

durch die Gespräche mit der Therapeutin vielleicht noch weiter auf die Transidentität fixieren würde und seinen Wunsch nach hormoneller und chirurgischer Angleichung an das weibliche Geschlecht noch entschiedener vorantriebe.
Nachdem die Psychiaterin einige Gespräche mit Herrn Hausmann geführt hatte, schlug sie vor, dass er zur nächsten Sitzung seine Frau mitbringe. Herr Hausmann stimmte dem lebhaft zu. In der nächsten Sitzung erschien das Ehepaar zusammen. Frau Hausmann hatte zwar der gemeinsamen Konsultation zugestimmt, war jedoch in großer Anspannung, da sie sich überhaupt nicht vorstellen konnte, wie das Gespräch verlaufen würde. Sie war angenehm überrascht, in der Psychiaterin einer Frau zu begegnen, die sich offensichtlich gut in Mariannes Gefühle als Ehefrau einer Transfrau (wie Peter sich seit kurzem bezeichnete) einfühlen konnte. Immer wieder brach Frau Hausmann in diesem Gespräch in Tränen aus und signalisierte der Psychiaterin, dass sie in großer Not war und sich unfähig fühlte, mit der Situation umzugehen. Sie nahm deshalb den Vorschlag der Therapeutin gerne an, ihr eine Therapeutin zu vermitteln, mit der sie ihre Probleme besprechen könne. Die Psychiaterin hatte ergänzt, es sei für Marianne wichtig, eine Psychotherapeutin zu finden, die mit dem Thema Transidentität vertraut sei und dem unvoreingenommen begegne.
Durch Vermittlung der Therapeutin ihres Mannes erhielt Marianne Hausmann einen Termin bei einer Psychologin, die Erfahrung mit Transmenschen und ihren Angehörigen hatte. Schon beim ersten Gespräch spürte Marianne eine große Entlastung. Endlich konnte sie frei und unverblümt all die Gefühle und Gedanken äußern, die durch Peters Transidentität in ihr ausgelöst worden waren. In den Gesprächen mit ihrem Mann hatte sie zwar etliche kritische Kommentare abgegeben, sich letztlich aber doch sehr bemüht, Peter nicht unnötig zu verletzen. Dadurch war vieles an Enttäuschung, Bitterkeit, Wut und Verzweiflung in ihr verschlossen geblieben.
Ein großes Problem war für Frau Hausmann die Befürchtung, dass die Beziehung zu ihr für ihren Mann nie »echt« gewesen sei, sondern er mit seinen Fantasien »ganz woanders« gewesen sei. Die

Psychotherapeutin besprach diese Befürchtung mit Frau Hausmann und konnte ihr zeigen, dass Peter sich zwar, wie er es seiner Frau ja selbst geschildert hatte, in der Sexualität oft in die Rolle der Frau fantasiert hatte, dass dies aber seine echte Liebe zu ihr nicht geschmälert habe.

Ein weiteres Problem, das Marianne in ihrer psychotherapeutischen Begleitung besprach, war ihre Sorge um die Zukunft der Familie. Eine Möglichkeit, die Ehe weiterzuführen, sah sie nicht. Und würde Peter nach dem Rollenwechsel seine Stelle behalten können? Wenn nicht, hätte das ja enorme finanzielle Konsequenzen für die ganze Familie. Wie sollten sie es ihren Kindern beibringen, dass Peter eine Frau sein werde? Und wie sollten sie damit im Familien- und Freundeskreis umgehen?

In den Gesprächen über diese Themen spürte Marianne Hausmann, dass neben der Enttäuschung und der Wut, die sie ihrem Mann gegenüber empfand, auch starke Trauer- und Schamgefühle gegenüber den Verwandten und Bekannten in ihr aufstiegen. So hatte sie sich ihre Ehe nicht vorgestellt! Nach wie vor liebte sie ihren Mann. »Ich habe aber einen Mann geheiratet, und mit dem will ich leben. Nicht mit einer Frau – und dazu sogar noch einer umgebauten!«, brach es in einem der Gespräche aus ihr hervor. »Ich mache mich ja zum Gespött der Leute, wenn sie mich mit ihm in Frauenkleidern sehen.«

Diese und viele andere Themen waren Gegenstand der psychotherapeutischen Begleitung, die für Frau Hausmann eine große Entlastung bedeutete. Hier standen nicht die Probleme im Vordergrund, die ihren Mann bewegten, und es ging nicht, wie in vielen Gesprächen, die sie mit Peter führte, um sein Coming-out, seine Hormonbehandlung und seine Zukunftsperspektiven, sondern *allein um sie* und darum, wie *sie* mit dieser schwierigen Situation fertigwerden könnte.

In der geschilderten Situation des Ehepaars Hausmann zeigen sich viele der Aspekte, die ich zu Beginn dieses Kapitels angesprochen habe: das jahre-, mitunter sogar jahrzehntelange Versteckspiel des Transmenschen, der selbst vor seinen nächsten Angehörigen seine Transidentität verheimlicht; der schwierige Prozess, in dem Transmenschen sich zunächst selbst darüber klar werden, dass sie »trans« sind, und dies akzeptieren; der Schock, den die Partnerinnen und Partner erleben, wenn die Transidentität offenkundig wird; die Gefühle der Enttäuschung, der Bitterkeit, der Wut und der Trauer der Ehepartner darüber, dass eine emotional enge Beziehung nun eventuell zerbricht, weil die Ehefrau der Transfrau bzw. der Ehemann des Transmannes nicht weiter in einer solchen Beziehung leben können; die Kränkung und Trauer auch auf Seiten des Transmenschen, der zwar der Erfüllung seines Wunsches, in der Rolle des anderen Geschlechts zu leben, ein Stück näher gekommen ist, dies aber auf Kosten der ihm wichtigen Beziehung zur Partnerin bzw. zum Partner; die Sorge, ob der Rollenwechsel nicht die Arbeitsstelle gefährde (vgl. Kapitel 6); und nicht zuletzt die Frage, wie Eltern ihren Kindern erklären können, dass der Vater eine Frau bzw. die Mutter ein Mann ist (siehe Kapitel 10 und 11).

Deutlich wird an diesem Beispiel aber auch, dass es für die Partnerinnen und Partner von Transmenschen mitunter wichtig ist, selbst auch von Fachleuten, die der Transidentität unvoreingenommen gegenüberstehen und Erfahrung mit Transmenschen haben, begleitet zu werden. Eine solche psychotherapeutische Begleitung ermöglicht es ihnen, ihre Gefühle frei zu äußern und sich mit ihnen auseinanderzusetzen. Außerdem können sie in der Therapie Strategien erarbeiten, wie sie mit schwierigen Situationen im privaten wie im öffentlichen Bereich umgehen können.

Die Ehefrauen von Transfrauen haben häufig – vor allem am Beginn ihrer Auseinandersetzung mit dem Thema Transidentität – große Probleme damit, wenn ihr Ehemann sich ihnen in weiblicher Aufmachung zeigt. Etliche lehnen es sogar strikt ab, ein Foto, das ihn als Frau zeigt, anzuschauen. Für die Transfrau geht das Anschauen des Fotos durch die Partnerin – und erst recht ein reales Treffen in der weiblichen Rolle – mit dem Risiko einher, durch eine entwertende Äußerung verletzt zu werden. Besonders schlimm wären direkte negative Kommentare und das Ausgelachtwerden. Eine Möglichkeit, die negativen Äußerungen so gering wie möglich zu halten, ist es, wenn die Ehepartner sich an einem neutralen Ort, z. B. in einem Café oder Restaurant, treffen. Das Zusammensein im öffentlichen Raum verhindert in der Regel unkontrollierte, heftige Reaktionen der Ehefrau und schützt damit die Transfrau.

Nicht immer sind die Partnerinnen von Transfrauen bzw. die Partner von Transmännern indes so besonnen und reflexionsbereit wie Frau Hausmann im geschilderten Beispiel. Wie in Kapitel 8 geschildert, kann es auch im familiären Bereich zu Gewalttätigkeiten und Repressalien kommen, wenn die Transpartnerin bzw. der Transpartner sich outet. Dies kann beispielsweise so aussehen, dass die nicht transidenten Partnerinnen und Partner den Weg des Transehegatten (psychotherapeutische Begleitung, Suche nach hormoneller Behandlung oder Operation) mit allen Mitteln zu boykottieren versuchen. Oder sie drohen, die Beziehung abrupt abzubrechen oder den weiteren Kontakt zwischen den Kindern und dem Transelternteil zu verunmöglichen, und erpressen auf diese Weise den Transmann oder die Transfrau, von ihrem Vorhaben abzulassen.

Ein derartiges Verhalten bringt die Transperson natürlich in eine äußerst schwierige Lage. Dies vor allem, wenn die Paarbeziehung eigentlich gut ist und die Transperson sehr an der Partnerin bzw. dem Partner hängt und diesen Menschen oder die Kinder auf keinen Fall verlieren möchte. Es kann eine – unter Umständen monate-, ja sogar jahrelang dauernde – Pattsituation werden, in der die Transfrau bzw. der Transmann schließlich keinen Schritt mehr vorwärts oder rückwärts machen kann. Ein Ausbrechen aus dieser repressiven Situation gelingt erst in dem Moment, wenn die Transperson bereit ist, jegliches Risiko einzugehen, und damit nicht mehr erpressbar ist. Die Konsequenz kann dann aber tatsächlich der totale Bruch in der Partnerschaft oder der völlige Verzicht auf den Kontakt zu den Kindern sein.

Eine Frage, die das Ehepaar Hausmann im Beispiel diskutiert, ist die, ob sie nach dem Rollenwechsel weiterhin zusammenleben werden. Peter Hausmann hofft dies, während seine Frau kategorisch Nein zu seinem Wunsch sagt. Nach meiner Erfahrung trennen sich die meisten Paare, wenn die Transpartnerinnen bzw. Transpartner mit der hormonellen Behandlung beginnen oder spätestens wenn der Rollenwechsel und die operative Angleichung erfolgt sind. Solche Trennungen können aber durchaus im gegenseitigen Einvernehmen erfolgen und müssen keineswegs mit so viel negativen Gefühlen, Erpressungen und Racheaktionen belastet sein, wie ich sie oben erwähnt habe.

Einige Paare bleiben indes auch zusammen, leben aber in der Regel ihr je eigenes Leben. Nur wenige führen weiterhin eine Partnerschaft, in der auch die Sexualität gelebt wird. Gründe für das weitere Zusammenleben im gleichen Haushalt sind oft finanzielle Erwägungen, da durch eine Scheidung und durch das Leben in zwei Wohnungen die finanziellen Belastungen wesentlich größer werden. Eine Weiterführung der Partnerschaft ist nur in den Fällen möglich, in denen die Ehefrau der Transfrau gewisse lesbische Neigungen hat bzw. der Ehemann des Transmannes für eine schwule Beziehung offen ist.

Oft ist eine Entscheidung pro oder kontra Weiterführung der Partnerschaft nicht von vorneherein möglich. Es ist am besten, wenn Sie als Partnerin einer Transfrau oder als Partner eines Transmannes für alle Möglichkeiten offenbleiben und Ihre Entscheidung erst dann treffen, wenn Sie sehen, in welcher Weise Ihr Partner bzw. Ihre Partnerin sich verändert und wie Sie darauf reagieren. Denn letztlich gibt es so viele Formen, die Beziehung miteinander zu führen, wie es Paare gibt.

Auf den Punkt gebracht

- Für Sie als Ehefrau oder Ehemann eines Transmenschen ist es im Allgemeinen eine schockierende, verletzende und traurig machende Erfahrung zu hören, dass Ihr Partner bzw. Ihre Partnerin transident ist. Je nach Persönlichkeit der Beteiligten und nach der Dynamik Ihrer Ehe gibt es unterschiedliche Arten, auf diese Situation zu reagieren.
- Wenn Sie als Transfrau fürchten, Ihre Ehefrau werde beim ersten Zusammentreffen mit Ihnen in weiblicher Kleidung eine Sie verletzende Reaktion zeigen, oder wenn Sie als Ehefrau nicht sicher sind, ob Sie ein solches Treffen ertragen, verlegen Sie das Zusammenkommen in einen öffentlichen Raum (z. B. in ein Café), wo jeder von Ihnen jederzeit gehen kann.
- Versuchen Sie als Angehörige von Transfrauen und Transmännern trotz aller Enttäuschung und ihrer persönlichen Verletztheit fair miteinander umzugehen. Wenn Sie Ihren Transpartner bzw. Ihre Trans-

partnerin wirklich lieben, versuchen Sie, ihm bzw. ihr nicht im Weg zu stehen, der ohnehin schwierig ist und viel Kraft erfordert.

- Als Partner/in eines Transmenschen stellt sich Ihnen die Frage, ob Sie auch nach dem Rollenwechsel und der körperlichen Angleichung weiterhin zusammenbleiben wollen. Geben Sie sich beiden Zeit für diese Entscheidung, und bleiben Sie für alle Möglichkeiten offen. Überfordern Sie sich nicht, indem Sie meinen, um jeden Preis »durchhalten« zu müssen. Brechen Sie aber auch nicht vorschnell eine Beziehung ab, die Ihnen wichtig ist.

10. Wie sollen wir es unseren Kindern sagen?

Das Ehepaar Sutter (Herr Sutter ist 35 Jahre alt, Frau Sutter 32 Jahre) ist seit acht Jahren verheiratet und hat zwei Kinder, die siebenjährige Tochter Claudia und den fünfjährigen Sohn Raffael. Vor anderthalb Jahren hatte Herr Sutter seiner Frau mitgeteilt, dass er transident sei. Da Frau Sutter davon nicht die geringste Ahnung gehabt hatte, war diese Mitteilung für sie ein großer Schock gewesen. Herr Sutter hatte ihr berichtet, schon von Jugend an gespürt zu haben, dass er kein Mann, sondern eine Frau sei. Immer wieder habe er heimlich Frauenkleider angezogen und sich geschminkt, auch während der Zeit seiner Ehe, wenn seine Frau und die Kinder verreist gewesen seien. Einige wenige Male habe er es in einer fremden Stadt sogar gewagt, in weiblicher Aufmachung auszugehen. In den letzten Jahren sei das Bedürfnis, als Frau zu leben und auch den Körper dem weiblichen Geschlecht angleichen zu lassen, immer stärker geworden. Deshalb habe er sich nun auch dazu durchgerungen, seiner Frau »reinen Wein einzuschenken«.

Nach dem ersten Schock hatte Frau Sutter ihren Mann mit Fragen bestürmt, wie er selbst sich denn die Entwicklung seiner Transidentität erkläre. In den Gesprächen, welche die Partner geführt hatten, hatte sie schließlich die Vermutung geäußert, seine Transidentität sei wahrscheinlich durch die »völlig unmögliche Erziehung« seiner Eltern begründet. Seine Mutter habe sich nach der Geburt von drei Söhnen sicher ein Mädchen gewünscht und Herrn Sutters Entwicklung in diese Richtung gelenkt. Außerdem habe sich sein Vater sehr wenig um den Sohn gekümmert und sei ihm gegenüber ausgesprochen grob und abweisend gewesen, so dass er für ihn auf keinen Fall ein positives Modell von Männlichkeit gewesen sei. Deshalb sei ihr, Frau Sutter, verständlich, dass ihr Mann sich nicht als Mann fühle, sondern sich hinsichtlich seiner Identität an der Mutter orientiert habe. Frau Sutter hatte ihrem Mann deshalb dringend geraten, ja von ihm gefordert, einen Psychotherapeuten aufzusuchen, mit dem er seine Probleme besprechen und lösen könne. Dann werde sich die Idee, eine Frau zu sein, »sicher in nichts auflösen«. Sie hatte ihm diesen Vorschlag nicht zuletzt auch deshalb gemacht, weil sie fürchtete, die Erziehung, die er erlebt habe und deren Folge ihrer Meinung nach nun die Transidentität sei, hätte vielleicht auch negative Folgen für ihre eigenen Kinder, z. B. dass diese auch transident werden könnten.

Einerseits hatte Herr Sutter sich ähnliche Gedanken gemacht wie seine Frau. Andererseits aber hatte er den Eindruck gehabt, dass sein Wunsch, als Frau zu leben – »so wie ich *bin*« –, sein ureigenstes Bedürfnis, seine eigentliche Identität, sei. Schließlich hatte er dem Drängen seiner Frau, einen Psychotherapeuten aufzusuchen, nachgegeben und sich bei einem Psychologen angemeldet, von dem er im Internet gesehen hatte, dass er Erfahrung mit Transmenschen hatte.

In den wöchentlich stattfindenden Gesprächen hatte sich gezeigt, dass die Erziehung der Eltern selbstverständlich einen Einfluss auf die Entwicklung von Herrn Sutter ausgeübt hatte, z. B. im Hinblick darauf, dass er seine Transidentität so viele Jahre verheimlicht hatte. Zur Erklärung seiner Wünsche, als Frau zu leben und den Körper mittels Hormonen und Operation dem weiblichen Körper angleichen zu lassen, reichten diese Erziehungseinflüsse der Eltern aber nicht aus. Die Transidentität erwies sich als eine eigenständige Identität, die nicht weiter hinterfragbar war. Und es bestand nach Ansicht des Psychotherapeuten keinerlei Notwendigkeit, weiter dagegen anzukämpfen. Die zentralen Fragen waren die, wie Herr Sutter mit dieser Identität im Beruf, aber auch in seiner Familie umgehen könnte.

Phasenweise hatte der Psychotherapeut auch Frau Sutter in die Behandlung einbezogen, da sie ja direkt von der weiteren Entwicklung ihres Mannes mit betroffen war. Das Angebot, auch ihr einen Psychotherapeuten zu vermitteln, hatte sie aber abgelehnt. Sie hatte einen Kreis guter Freundinnen, mit denen sie offen über ihre Gefühle und ihre Situation sprechen konnte, und fühlte sich von diesen Bezugspersonen emotional getragen.

Nachdem die Gespräche mit dem Psychologen ein Jahr lang regelmäßig stattgefunden hatten, entschloss Herr Sutter sich, einen Facharzt für Endokrinologie aufzusuchen, um mit ihm die hormonelle Behandlung zu planen. In Bezug auf die Wahl eines geeigneten Endokrinologen, der Erfahrung mit Transmenschen hat, hatte sich Herr Sutter im Internet in verschiedenen Transforen kundig gemacht. Der Endokrinologe, den er dann aufsuchte, hatte eine Bestätigung des Psychotherapeuten erbeten, dass dieser keine Einwände gegen den Beginn der hormonellen Behandlung habe und dass die psychotherapeutische Begleitung weiterhin durchgeführt würde. Nach sorgfältiger körperlicher Untersuchung hatte der Arzt die Behandlung mit Androcur (zur Unterdrückung der Produktion der männlichen Hormone) und mit Östrogenen begonnen.

Herr Sutter empfand die hormonelle Behandlung als sehr beglückend und entlastend. Zum einen zeigte ihm die Einnahme der Medikamente, dass er nun endlich auf dem so lange ersehnten Weg war. Zum anderen spürte er nach einigen Monaten auch den Beginn des Brustwachstums und die Veränderungen in der Fettverteilung am Körper. Auch dies war eine ihn mit Freude erfüllende Bestätigung, auf dem richtigen Weg zu sein. Da sich unter dem Einfluss der Hormone Herrn Sutters Körper nun zu verändern begann, sahen sich die Eheleute mit der Frage konfrontiert, wie sie ihren Kindern in einer angemessenen Weise mitteilen könnten, dass ihr Vater in Zukunft als Frau leben wolle.

»Du kannst das nicht länger vor ihnen verheimlichen«, begann Frau Sutter eines der vielen Gespräche, die sie mit ihrem Mann über dieses Thema führte. »Claudia hat mich kürzlich schon gefragt, ob du krank wärst. Deine Brust sehe in letzter Zeit so komisch aus.« Da die Eltern unschlüssig waren, wie sie mit den Kindern über Herrn Sutters Transidentität sprechen könnten, beschlossen sie, dass Frau Sutter zu einer der nächsten Therapiesitzungen ihres Mannes mitgehen würde, um das weitere Vorgehen mit dem Therapeuten zu besprechen.

Frau Sutter äußerte in diesem Gespräch ihre große Angst, die Mitteilung der Transidentität ihres Mannes werde für die Kinder ein »Riesenschock« sein. Wenn sie als erwachsene Frau nach dem ersten Gespräch mit ihrem Mann schon wochenlang total verwirrt gewesen sei, müsse eine solche Mitteilung für Kinder von fünf und sieben Jahren doch geradezu traumatisch sein. »Sie werden die Welt doch nicht mehr verstehen, wenn ihr Papa plötzlich zur Mama wird!«

Auch Herr Sutter machte sich große Sorgen und war unsicher, wie er seine Mitteilung formulieren solle. Er verwies aber darauf, dass er in den Transforen mit anderen Transfrauen und Transmännern darüber diskutiert habe, wie sie es ihren Kindern mitgeteilt hätten und ob diese Information für die Kinder traumatisierend gewesen sei. Die übereinstimmende Antwort sei gewesen: Es habe die Kinder zunächst tatsächlich ziemlich verwirrt. Nach einiger Zeit sei es gerade für die Kinder im Vorschulalter aber kein Problem mehr gewesen, dass der Vater im Haus als Frau gekleidet gewesen sei. Die Kinder, die von früh auf den Vater im Haus nur in Frauenkleidern erlebt hätten, seien eher verwundert gewesen, dass andere Väter im Haus die gleiche männliche Kleidung getragen hätten wie außerhalb des Hauses.

»Das klingt ja fast zu schön, um wahr zu sein«, wendete Frau Sutter skeptisch ein. »Aber selbst wenn wir es Claudia und Raffael einigermaßen beibringen können und sie dich als Frau im Haus akzeptieren, was ist mit ihren Klassenkameraden und Freunden und deren Eltern, wenn die dich als Frau herumlaufen sehen? Dann werden unsere Kinder doch sicher gemobbt!«

Herr Sutter berichtete daraufhin, dass die Transfrauen und Transmänner, die er in den Foren nach ihren Erfahrungen mit ihren Kindern gefragt habe, keine Probleme ihrer Kinder im Kreis der Klassenkameraden beobachtet hätten. »Die Eltern haben den Rollenwechsel des einen Elternteils zunächst mit den Kindern und dann mit den Lehrerinnen und Lehrern besprochen und gemeinsam Strategien festgelegt, wie die Klassenkameradinnen und Klassenkameraden sowie die Eltern dieser Kinder zu informieren seien. Das hat offenbar bestens geklappt.« Auch wenn Frau Sutter trotz solcher positiver Berichte ihres Mannes skeptisch blieb, war sie doch etwas beruhigter, als sie von diesen Erfahrungen anderer Transeltern hörte.

Zur weiteren Beruhigung trug dann auch die Reaktion des Psychotherapeuten ihres Mannes bei. Er berichtete dem Ehepaar Sutter, dass seine Erfahrung die gleiche sei, die Herr Sutter von anderen

Transmenschen in den Foren gefunden habe. Drei Dinge seien vor allem von Bedeutung:
Zum einen sei es wichtig, den Kindern zu vermitteln, dass Transidentität nicht etwas sei, das nur ihren Vater angehe, sondern das es auch in anderen Familien gebe. Dadurch werde Herrn Sutters »Transsein« das Außergewöhnliche und die Kinder Beunruhigende genommen. Die Brisanz des Themas werde dadurch vermindert. Bei etwas älteren Kindern, unter Umständen aber auch schon bei der siebenjährigen Claudia, sei dann auch durchaus der Hinweis auf andere Kulturen sinnvoll, in denen Transmenschen eine definierte soziale und spirituelle Rolle innehätten. Auch die Nennung von bekannten Transpersönlichkeiten im Showbusiness und in der sonstigen Öffentlichkeit könnten eine positive Wirkung haben, da dadurch der Entwertung der Transidentität begegnet und den Kindern gezeigt werde, dass Transmenschen und ihre Angehörigen sich nicht schämen müssen.
Der zweite für die Kinder von Transmenschen ebenso wichtige Aspekt sei der, den Kindern zu versichern, dass der Vater ihr Vater bleibe, unabhängig davon, ob er wie bisher als Mann oder in Zukunft als Frau lebe. Diese Botschaft sei den Kindern sinnvollerweise von beiden Elternteilen zu vermitteln, damit die Kinder sich sicher fühlen können, dass trotz aller Änderungen in der Familie die Eltern weiterhin ihre nächsten und absolut verlässlichen Bezugspersonen bleiben.
Ein dritter wichtiger Diskussionspunkt mit den Kindern sei schließlich die Versicherung der Eltern, dass sie alle weiteren Schritte im Coming-out des Vaters mit den Kindern absprechen würden. Vor allem müssten die Kinder die Transidentität des Vaters nicht geheim halten, sondern sie seien frei, den Personen ihrer Umgebung, mit denen sie darüber sprechen wollten, davon zu berichten. Dieser Hinweis an die Kinder sei insofern wichtig, als es bekanntlich für Kinder unzumutbar, manchmal sogar traumatisch sei, wenn sie von Erwachsenen verpflichtet würden, ein familiäres »Geheimnis« für sich zu behalten. Die Kinder gerieten dadurch unter einen enormen Druck und in Loyalitätskonflikte, die ihrer weiteren Entwicklung nicht zuträglich seien.

Bei allen Gesprächen, welche Sutters mit ihren Kindern führten, müssten sie sich darüber klar sein, dass die Auseinandersetzung der Kinder mit der Transidentität des Vaters ein prozesshaftes Geschehen sei. In dessen Verlauf werde es Zeiten großer Irritation und Phasen von Angst und Sorge geben, dann aber auch wieder ruhige Zeiten, in denen die Kinder keine wesentlichen Schwierigkeiten mit der Akzeptanz der Transidentität hätten. Dieser Hinweis war dem Psychotherapeuten wichtig, damit Sutters sich nicht durch eine vielleicht zunächst sehr heftige Reaktion eines ihrer Kinder total verunsichert fühlen würden und Herr Sutter nicht schwere Schuldgefühle darüber entwickeln würde, was er seinen Kindern durch seine Transidentität »antue«. Der Psychotherapeut verwies darauf, dass seine persönliche Erfahrung wie auch die Resultate von Untersuchungen an Kindern von Transmenschen übereinstimmend zeigten, dass diese Kinder sich so normal entwickeln wie andere Kinder auch.

Schließlich bot der Psychotherapeut Sutters an, bei Bedarf auch ein Gespräch mit der ganzen Familie zu führen. Es könne nach seiner Erfahrung hilfreich sein, wenn die Kinder noch einmal von einer außenstehenden Person das hörten, was die Eltern ihnen bereits gesagt hätten. Außerdem könne er als Fachmann und nicht direkt Beteiligter auf manche Fragen der Kinder auch besser eingehen als die Eltern. Mitunter habe er auch nach einem ersten Gespräch mit der ganzen Transfamilie noch eine zweite Sitzung nur mit den Kindern allein vereinbart. Sollte sich bei Familie Sutter herausstellen, dass Claudia und Raffael mit großer, nachhaltiger Verstörung auf die Enthüllung von Herrn Sutters Transidentität reagierten, sei zu empfehlen, die Kinder von einer mit Transidentität erfahrenen Fachperson der Kinderpsychologie oder Kinderpsychiatrie begleiten zu lassen.

Diese Informationen beruhigten das Ehepaar Sutter erheblich. Gemeinsam führten die Eltern dann ein erstes Gespräch mit beiden Kindern, berichteten ihnen von der Transidentität des Vaters und deuteten kurz die weiteren Schritte auf seinem Weg zum Leben als Frau an. Auf Einzelheiten, vor allem auf die geplante Operation, gingen sie dabei noch nicht ein. Es schlossen sich weitere Gespräche an, die Frau Sutter oder Herr Sutter mit einem der Kinder führten.

Zum Teil waren die Kinder, vor allem die siebenjährige Claudia, die Initiatoren solcher Gespräche, indem sie genauer wissen wollten, wann und wie die Angleichung des Vaters an das weibliche Geschlecht erfolge und was die Großeltern und andere Verwandte und Bekannte dazu sagen würden.
Besonders interessierte es die Kinder auch, den Vater einmal als Frau zu erleben. Sutters bereiteten diesen Schritt vor, indem sie den Kindern zunächst ein Foto zeigten, auf dem Herr Sutter als Frau zu sehen war. »Das ist ja geil!«, rief Claudia begeistert. »Du siehst ja aus wie eine richtige Frau.« Raffael war deutlich zurückhaltender und meinte lediglich: »Ach, so siehst du dann aus.« Beide Kinder äußerten in der Folge den Wunsch, den Vater als Frau »verkleidet« zu sehen. Die Eltern erklärten den Kindern daraufhin, dass es für den Vater nicht darum gehe, sich als Frau zu »verkleiden«, sondern dass er sich als Frau »fühle«. Obwohl Herr Sutter fand, dass die Formulierung, er »fühle« sich als Frau, seine Situation nicht richtig beschreibe, hatten sich die Eltern vorerst für diese Formulierung entschieden, weil sie den Kindern wohl am besten verständlich wäre.
Claudia und Raffael reagierten ausgesprochen unbefangen auf die weibliche Aufmachung ihres Vaters. Nach wie vor empfanden es beide als eine Art »Verkleidung«. Doch je öfter Herr Sutter sich zu Hause als Frau zeigte, desto selbstverständlicher wurde es für sie, ihn als Frau zu erleben.

Ich habe das Beispiel der Familie Sutter recht ausführlich dargestellt, da es für verheiratete Transmenschen, ihre Partner und Kinder eines der zentralen Themen ist, wie gemeinsam mit dieser Situation umgegangen werden kann. Die Reaktion der Kinder habe ich dabei nur am Rande beleuchtet. Ihre Situation werde ich ausführlich im folgenden Kapitel diskutieren. In diesem Kapitel geht es mir in erster Linie um Sie als Elternteil und Ihren Umgang mit den Kindern.

Wie viele andere Transmenschen hat auch Herr Sutter viele Jahre lang seine Transidentität vor der Umgebung verheimlicht und sich erst in dem Moment seiner Frau offenbart, als er merkt, dass er sein Bedürfnis, als Frau zu leben, nicht länger unterdrücken kann. Ähnlich wie Frau Hausmann aus dem Beispiel in Kapitel 9 reagiert auch Frau Sutter zunächst völlig schockiert, dies vor allem, da sie bisher nicht das Geringste von der Transidentität ihres Mannes geahnt hat.

Im Gespräch der beiden Partner äußert Frau Sutter ihre Ansicht, die Ursachen für die Transidentität ihres Mannes lägen wohl in der Erziehung durch seine Eltern. Es ist keineswegs selten, dass Angehörige, aber auch Transmenschen selbst, bei der Frage »Woher kommt die Transidentität?« vermuten, sie sei Folge bestimmter Erziehungsfehler der Eltern. Häufig wird in solchen Diskussionen die Meinung vertreten, das männliche Kind sei von einem oder beiden Elternteilen in die weibliche Richtung bzw. das weibliche Kind in die männliche Richtung gedrängt worden, da die Eltern sich ein Kind vom anderen Geschlecht gewünscht hätten.

So bestechend einfach diese Annahme auch erscheint, so wenig zutreffend ist sie. Wenn alle Kinder, deren Eltern sich ein Kind des anderen Geschlechts wünschen, transident würden, wäre die Zahl von Transmenschen um ein Vielfaches größer. Wie ich in Kapitel 2 ausgeführt habe, sind die Ursachen von Transidentität unbekannt. Wichtig für Sie als Mutter oder Vater eines Transmenschen ist allerdings zu wissen, dass dieser Identitätsentwicklung keine Erziehungsfehler zugrunde liegen. Die Eltern von Transfrauen und Transmännern haben ihre Kinder nicht anders oder gar schlechter erzogen als andere Eltern und müssen sich nicht vorwerfen, sie hätten irgendetwas »falsch« gemacht. Die Schuldgefühle, die aus der Annahme von Erziehungsfehlern resultieren, belasten Sie als Elternteil nur, sie sind völlig unnötig und schaden der Beziehung zwischen Ihnen und Ihrem Transkind.

Hinter der Suche nach den Ursachen von Transidentität und der Ansicht, ihr lägen vielleicht Erziehungseinflüsse seitens der Eltern zugrunde, steht häufig die Hoffnung, durch die Bearbeitung dieser Konflikte die Transidentität beseitigen zu können. Diese Ansicht vertritt im Beispiel ja Frau Sutter. Außerdem befürchtet sie, die aufgrund der vermuteten »Erziehungsfehler« entstandene »psychische Störung« ihres Mannes könne verhängnisvolle Folgen auch für ihre Kinder haben. Auch aus diesem Grund drängt sie ihren Mann zu einer Behandlung.

Wir wissen aus den uns vorliegenden Studien über die Kinder von Transmenschen (vgl. mein Buch *Transsexualität – Transidentität*), dass die Transidentität eines Elternteils keine negativen Auswirkungen auf die Kinder hat. Es gibt zwar in der Familie, in der Schule und im Freundeskreis dieser Kinder mitunter schwierige Situationen. Diese werden aber von den Eltern in Zusammenarbeit mit den Lehrerinnen und Lehrern sowie den begleitenden Psychotherapeutinnen und -therapeuten im Allgemeinen gut bewältigt, so dass die Kinder selbst den Rollenwechsel eines Elternteils gut verarbeiten und von den Klassenkameradinnen und -kameraden nicht gemobbt werden. Dies ist ja auch eine Befürchtung von Frau Sutter.

Herr Sutter hat denn auch positive Berichte über die Entwicklung von Kindern anderer Transfrauen und Transmänner in den entsprechenden Foren im Internet gelesen. Dies entspricht den Resultaten von Studien, die uns über Kinder von Transmenschen vorliegen, und stimmt mit meinen Erfahrungen aus den Begleitungen von Transfamilien überein. In einigen Bereichen, nämlich in ihrer sozialen Kompetenz und hinsichtlich ihrer Sensibilisierung für die Rollen von Frau und Mann, weisen diese Kinder oft sogar einen Entwicklungsvorsprung gegenüber anderen Kindern auf. Dies ist verständlich, da Kinder von Transmenschen ja, sobald ihnen die Transidentität ihrer Mutter oder ihres Vaters bekannt ist, viel bewusster die Geschlechterrollen wahrnehmen und reflektieren und zusammen mit ihren Eltern Wege suchen – müssen –, wie sie mit ihrer speziellen familiären Situation umgehen. Das Resultat ist vielfach eine größere soziale Kompetenz gegenüber ihren Altersgenossen.

Im Gegensatz zu Frau Hausmann aus dem Beispiel in Kapitel 9 braucht Frau Sutter keine eigene psychotherapeutische Begleitung. Sie hat einen Kreis von Freundinnen, mit denen sie ihre Gefühle und Probleme besprechen kann. Ein tragfähiges soziales Netz ist sehr wichtig und trägt wesentlich dazu bei, wie die Partner von Transfrauen und Transmännern mit ihrer Situation umgehen können. Je stabiler und tragfähiger diese Beziehungen sind, desto besser gelingt es den Angehörigen, ihre eigene Position zu definieren und eine für alle Beteiligten akzeptable Lösung zu finden. Von großer Bedeutung für die Partner ist dabei, dass die wichtigsten Bezugspersonen selbst keine Vorurteile gegenüber Transmenschen haben und auf die Ehefrau oder den Ehemann keinen Druck ausüben, sondern sich als unvoreingenommene Gesprächspartner zur Verfügung stellen.

Auch wenn Frau Sutter im Beispiel keine eigene therapeutische Begleitung braucht, bewährt es sich, dass sie gelegentlich Gespräche mit Herrn Sutters Psychotherapeuten führt. Dies gilt vor allem in dem Moment, als es notwendig wird, die Kinder über die Transidentität des Vaters zu informieren. In dieser Situation ist die Absprache zwischen den Eltern wichtig, und hier bietet es sich grundsätzlich an, das genaue Vorgehen mit einer Fachperson zu besprechen, wie auch die Sutters dies machen.

Die drei Aspekte, die der Psychotherapeut hervorhebt, sind bei der Information der Kinder von Transmenschen besonders wichtig. Ich möchte sie deshalb noch etwas ausführlicher diskutieren.

Der erste Aspekt betrifft die Mitteilung der Eltern, dass der *Vater nicht der einzige Transmensch* ist. Ältere Kinder haben meist schon in Fernsehsendungen oder in den Zeitungen etwas von Transfrauen und Transmännern erfahren. Gewiss besteht ein großer Unterschied darin, ob Kinder hören oder lesen, dass eine bekannte Popsängerin eine Transfrau oder ein in der Öffentlichkeit stehender Politiker ein Transmann ist, oder ob ihnen der eigene Vater oder die eigene Mutter eröffnet, »trans« zu sein.

Auch wenn den Kindern die Tatsache, dass es einen eigenen Elternteil angeht, ungleich viel näher geht, ist es für ihre Verarbeitung dieser Situation keineswegs unwichtig zu wissen und im Gespräch mit den Eltern daran erinnert zu werden, dass es auch andere, im Beruf erfolgreiche, gesellschaftlich hochgeachtete Transmenschen gibt. Der Hinweis auf diese Personen zeigt den Kindern, dass sich niemand – weder ihre Eltern noch sie als Kinder – der Tatsache schämen muss, »trans« zu sein oder Transangehörige zu haben.

Dies ist insofern wichtig, als Kinder nach der Mitteilung ihrer Eltern, die Mutter sei ein Transmann oder der Vater eine Transfrau, leicht den Eindruck bekommen, sie müssten dies auch vor ihren Freundinnen und Freunden oder vor anderen Familienangehörigen geheim halten und sich des Transelternteils schämen. Es liegt auf der Hand, dass eine derartige Vorstellung die Kinder sozial isoliert und im Kontakt mit anderen Menschen verunsichert. Ist ihnen hingegen klar, dass die Tatsache, »trans« zu sein, nichts über den Wert einer Person aussagt und dass der Transelternteil Mutter oder Vater wie andere Eltern auch ist, so treten die Kinder selbstbewusster auf und können sich besser mit etwaigen negativen Kommentaren durch Außenstehende auseinandersetzen und sich effizienter dagegen wehren.

Desweiteren verweist der Psychotherapeut im Gespräch mit dem Ehepaar Sutter darauf, dass den Kindern die Akzeptanz der Transidentität des Vaters auch leichter fallen könnte, wenn die Eltern ihnen erzählen, dass es Kulturen z. B. in Asien und Nordamerika gibt, in denen Transmenschen eine klar definierte soziale Rolle innehaben und von der Umgebung mitunter hochgeschätzt sind (vgl. Kapitel 2). Eine solche Mitteilung kann tatsächlich eine positive Wirkung auf Kinder, aber auch auf erwachsene Bezugspersonen von Transmenschen, haben, da sie noch einmal unterstreicht, dass der Vater oder die Mutter keineswegs der einzige Mensch auf der Welt ist, der »trans« ist, und dass sich die Kinder dieses Elternteils keineswegs schämen müssen.

Ein zweiter für das Gespräch der Eltern mit ihren Kindern wichtige Aspekt, der vom Psychotherapeuten erwähnt wird, ist der, dass der *Transelternteil weiterhin Vater bzw. Mutter für das Kind bleibt,* unabhängig davon, ob er als Frau oder Mann lebt. Diese Gewissheit, dass das Kind den Transelternteil durch den Rollenwechsel nicht verliert und dass beide Eltern ihm nach wie vor einen tragenden Rahmen bieten, ist in diesem Moment außerordentlich wichtig. Die Mitteilung, die Transfrau bzw. der Transmann bliebe Vater bzw. Mutter für das Kind, wirkt der Angst entgegen, den Transelternteil zu verlieren – eine Angst, die in vielen Kindern durch das Informiertwerden über die Transidentität ausgelöst wird.

Diese Angst ist gerade in dem Moment, in dem die Kinder von der Transidentität eines Elternteils erfahren und sich damit auseinandersetzen müssen, besonders verhängnisvoll. Die Kinder sind bereits durch die Mitteilung von der Transidentität sowie durch die sich daraus ergebenden Konsequenzen verwirrt und verunsichert. In dieser Situation wäre es eine erhebliche zusätzliche Belastung für sie, auch noch fürchten zu müssen, die Familie werde zerbrechen.

Falls die Eltern sich entschließen sollten, die Ehe aufzulösen, sollten sie dies den Kindern erst zu einem späteren Zeitpunkt sagen. Die Kinder werden damit wesentlich besser umgehen können, wenn sie sich zunächst mit der Transidentität von Mutter oder Vater auseinandergesetzt, wieder eine sichere Position gefunden und zu ihrer Selbstsicherheit zurückgefunden haben. Aber auch – oder gerade – wenn die Eltern ihre Ehe auflösen wollen, ist der Hinweis wichtig, dass die Trennung der Eltern in keiner Weise Trennung des Transelternteils von den Kindern bedeutet.

Wie Sie diesen Ausführungen entnehmen können, ist es bei der Information Ihrer Kinder sehr wichtig, ihnen größtmögliche emotionale und soziale Sicherheit zu geben. Die völlig neue Situation, mit der sie durch die Enthüllung der Transidentität eines Elternteils konfrontiert sind, löst unweigerlich erhebliche Unsicherheit in den Kindern aus. Es liegt deshalb an Ihnen als Eltern, dieser Verunsicherung entgegenzuwirken und den Kindern größtmögliche Stabilität in der Familie zu garantieren.

Der dritte von Herrn Sutters Psychotherapeuten erwähnte Aspekt ist die Zusage der Eltern, dass Sie *alle weiteren Schritte* (z. B. Auftreten des Transelternteils in der neuen Rolle in der Öffentlichkeit, Information von Lehrerinnen und Lehrern über die Transidentität usw.) *mit den Kindern absprechen werden.* Dies zu wissen, ist insofern wichtig für die Kinder, als die für sie zum Teil so verworren und unüberschaubar erscheinende Situation dadurch transparent und damit weniger bedrohlich wird.

Außerdem wirkt die Transparenz der Angst der Kinder entgegen, unverhofft von Dritten (z. B. anderen Kindern und deren Eltern oder von Nachbarn) auf die Transidentität von Mutter oder Vater angesprochen zu werden und dieser Situation unvorbereitet und hilflos gegenüberzustehen. Schließlich signalisiert die elterliche Zusage, Tochter und Sohn über alle weiteren Schritte zu informieren, dass die Kinder in die Entscheidungsprozesse mit einbezogen werden. Dies stärkt ihr Selbstbewusstsein und ihre Selbstständigkeit und ermöglicht ihnen, zusammen mit den Eltern Strategien zu entwickeln, wie sie mit schwierigen Situationen umgehen können.

Bei der Betonung, wie wichtig die Transparenz in der Familie ist, erwähnt der Psychotherapeut noch ausdrücklich, dass die Kinder *nicht dazu verpflichtet werden sollen, Geheimnisträger zu sein,* sondern – in Absprache mit den Eltern – frei über die Information der Transidentität verfügen dürfen. Dies ist insofern wichtig, als eine Verpflichtung zur Geheimhaltung die Kinder zusätzlich unter Druck setzen würde. Sie befinden sich gerade zu Beginn des Coming-out ihres Transelternteils ohnehin in einer angespannten Situation und sind oft stark verunsichert. Aus diesem Grund sollten ihnen zusätzliche Belastungen auf jeden Fall erspart werden.

Durch die Verpflichtung zur Geheimhaltung der Transidentität von Mutter oder Vater würden Sie Ihren Kindern auch vermitteln, dass Transidentität etwas sei, dessen man sich schämen müsse. Ein solches Verhalten würde alle verbalen Beteuerungen Ihrerseits, Transidentität sei eine Identität wie andere auch, Lügen strafen und würde eine starke negative Wirkung auf Ihre Kinder haben.

Wichtig im Gespräch des Psychotherapeuten mit dem Ehepaar Sutter ist schließlich sein Hinweis, dass die Auseinandersetzung der Kinder mit der Transidentität eines Elternteils ein *prozesshaftes Geschehen* ist. Daraus folgt, dass auch Sie als Elternteil sich durch die erste, vielleicht heftige Reaktion Ihres Kindes nicht verunsichern lassen sollten. Ebenso wie Sie selbst braucht auch Ihr Kind Zeit, sich mit der Transidentität von Mutter oder Vater auseinanderzusetzen, bis es sie schließlich akzeptieren kann. Eltern sollten ihrem Kind in diesem Prozess einfühlsame Gesprächspartner sein und es nicht durch allzu viel Information überfordern.

Interpretieren Sie auch wiederholte Fragen zum gleichen Thema nicht als Hinweis darauf, dass Ihr Kind das, was Sie ihm erklären, nicht verstünde oder unnötig darauf »herumritte«, sondern verstehen Sie die eventuell immer wieder gestellten Fragen als nötige Schritte des Kindes im Prozess der Akzeptanz der Transidentität des einen Elternteils.

Ähnlich ist es mit Angst- und Trauerreaktionen des Kindes oder mit sonstigem auffälligen Verhalten (z. B. nächtliches Aufwachen, Einschlafprobleme, vermehrte Angstträume, sozialer Rückzug etc.). Selbstverständlich werden Sie solche Gefühle und Verhaltensweisen ernst nehmen und mit Ihrem Kind besprechen. Es macht aber keinen

Sinn, dass Sie selbst in Panik geraten oder sich als Transelternteil Vorwürfe machen, ihr Kind so belastet zu haben, dass es nun derartige Symptome entwickelt. Sollten die Ängste, die gedrückte Stimmung und der soziale Rückzug über längere Zeit bestehen bleiben oder gar stärker werden, sollten Sie für Ihr Kind fachliche Hilfe suchen. So wie die Ehegatten von Transmenschen mitunter eine psychotherapeutische Begleitung brauchen, kann es auch für Ihr Kind nötig sein, ihm psychotherapeutische Unterstützung zu bieten. Zögern Sie in einer solchen Situation nicht, eine Fachperson der Kinderpsychologie oder Kinderpsychiatrie aufzusuchen.

Noch wichtiger als bei erwachsenen Angehörigen von Transmenschen ist es aber für Kinder, dass Sie eine mit dem Thema Transidentität vertraute Fachperson finden, die keine Vorbehalte gegenüber transidenten Menschen hat. Erwachsene können sich wehren und eine andere Fachperson suchen, wenn sie den Eindruck gewinnen, die Therapeutin oder der Therapeut hätte eine negative Einstellung zur Transidentität. Kinder sind in dieser Hinsicht viel weniger kritisch und haben eher Mühe zu beurteilen, ob ihnen die therapeutische Begleitung nützt oder schadet. Eine ablehnende Einstellung der Fachperson gegenüber der Transidentität eines Elternteils würde das Kind verwirren und zusätzlich belasten. Aus diesem Grund ist es wichtig, dass Sie die Person, der Sie Ihr Kind für die therapeutische Begleitung anvertrauen, sorgfältig aussuchen. Am besten lassen Sie sich diesbezüglich von der Psychotherapeutin oder dem Psychotherapeuten beraten, die bzw. der den Transelternteil begleitet.

Auf den Punkt gebracht

- Wenn in einer Familie mit einem Transelternteil Kinder leben, ist deren Wohl für die Eltern ein wichtiger Aspekt im Umgang mit der Transidentität.
- Im Allgemeinen verarbeiten Kinder von Transeltern den Rollenwechsel und die körperliche Angleichung an das andere Geschlecht von Mutter oder Vater gut und zeigen keine psychischen Auffälligkeiten.

- Die Information über die Transidentität des einen Elternteils muss sorgfältig geplant und dann in kleinen Schritten vorgenommen werden.
- Wenn der Transelternteil den Rollenwechsel auch außerhalb der Familie vollzieht, sollten zuvor die wichtigsten Bezugspersonen der Kinder (z. B. Lehrer und die Eltern von Klassenkameraden) informiert werden. Die Kinder dürfen nicht zu Geheimnisträgern werden, die die innerfamiliäre Situation der Umgebung gegenüber verheimlichen müssen.
- Bei aller Betroffenheit und Verletztheit des nicht transidenten Elternteils sollte dieser sich bemühen, den Konflikt mit dem Transpartner bzw. der Transpartnerin nicht über die Kinder auszutragen. Die Eltern sollen den Kindern weiterhin als Einheit gegenüberstehen.
- Es ist wichtig, dass der Transelternteil den Kindern vermittelt, dass er weiterhin für sie Mutter bzw. Vater bleibt, unabhängig davon, in welcher Rolle er lebt.
- Wenn Sie als Eltern spüren, dass Ihr Kind massiv unter der Situation Ihrer Familie leidet, sollten Sie psychotherapeutische Hilfe bei einer mit Transidentität erfahrenen Fachperson suchen.

11. Mama wird Papa – Papa wird Mama

Während ich im vorhergehenden Kapitel die Situation einer Familie mit einem Transelternteil aus der Sicht der Eltern beschrieben habe, geht es in diesem Kapitel darum zu diskutieren, wie es für die Kinder ist, wenn sie erfahren, dass ihre Mutter ein Mann bzw. ihr Vater eine Frau ist. Kritiker der Transition verwenden häufig das Argument, Erwachsene könnten sich gegebenenfalls noch daran gewöhnen, dass ein Mann zur Frau bzw. eine Frau zum Mann werde. Wenn sie sich damit gar nicht abfinden könnten, bleibe ihnen ja immer noch die Möglichkeit, die Beziehung zur Transfrau bzw. zum Transmann abzubrechen. Kinder befänden sich aber in dieser Hinsicht in einer ungleich schwierigeren Situation, die für sie unzumutbar sei.

Vielleicht haben Sie selbst als Angehörige, Freund oder Freundin eines Transmenschen, der Kinder hat, ähnliche Gedanken gehabt. Sie mögen sie ausgesprochen oder für sich behalten haben. Unter Umständen haben Sie sich auch geschämt, dass eine solche Kritik in Ihnen wach geworden ist, als Sie von der Transidentität Ihres Freundes erfahren haben, weil Sie doch immer gedacht haben, Sie seien so offen und tolerant. Vielleicht aber haben Sie sich berechtigt, ja sogar verpflichtet gefühlt, Ihre Kritik anzubringen, wenn es um Kinder geht, die doch auf die Erwachsenen angewiesen sind.

Das Argument, das sich in solchen Situationen gegen den Transelternteil richtet, lautet häufig, den Kindern sei der Wechsel eines Elternteils von Frau zu Mann bzw. von Mann zu Frau nicht zuzumuten, weil sie dadurch schwersten psychischen Schaden erleiden würden. Im folgenden ersten Beispiel dieses Kapitels – ein weiteres, positives Beispiel folgt später – werde ich eine solche Konstellation darstellen und aufzeigen, welche für alle Beteiligten unheilvolle Situation durch die Transition eines Elternteils entstehen kann. Das Beispiel wird aber auch zeigen, dass die Situation so kritisch wird, weil der Transelternteil vom anderen Elternteil mit den erwähnten kritischen Argumenten aus der Familie ausgeschlossen wird.

Manfred Schuster, ein 45-jähriger Verkäufer, hatte seiner Frau (42 Jahre, Büroangestellte) vor zwei Jahren eröffnet, dass er transident sei. Sie hatte schon seit langem den Verdacht gehabt, dass etwas bei ihm »nicht stimme«. Eine Zeit lang vermutete sie, er habe eine Freundin und habe sich deshalb emotional und sexuell in den letzten Jahren zunehmend von ihr zurückgezogen. Als sie ihn darauf ansprach und er ihr glaubhaft versicherte, dies sei nicht der Fall, war der Verdacht in ihr aufgetaucht, er sei vielleicht schwul. In einem der Gespräche, in denen sie in ihn gedrungen war, er solle ihr doch offen sagen, was los sei, hatte Herr Schuster ihr schließlich eröffnet, er habe keine Freundin und auch keinen Freund, sondern er sei transident.

Frau Schuster war durch diese Mitteilung völlig überrascht und fassungslos. Dass »etwas nicht stimmte«, hatte sie ja längst gespürt. Aber transident? Das konnte sie beim besten Willen nicht fassen. »Du meinst, du bist eine Frau? Du hast doch nicht alle Tassen im Schrank!«, schleuderte sie bei einem heftigen Streit ihrem Mann entgegen. »Wie stellst du dir das denn vor? Meinst du etwa, du könntest als Frau mit mir und den Kindern hier weiter zusammenleben und heile Familie spielen? Das mache ich nie und nimmer mit! Und deine Kinder kannst du dann erst recht vergessen. Ich werde nicht dulden, dass du ihr Leben durch deine verrückten Ideen kaputt machst.«

Diese Worte verletzten Manfred Schuster zutiefst. Er selbst war sich seit vielen Jahren darüber klar, dass er transident war, hatte mit der Mitteilung an seine Frau aber so lange gezögert, weil er genau die Reaktion befürchtet hatte, die sie nun tatsächlich zeigte. Er liebte seine Frau nach wie vor und hing sehr an seinem 10-jährigen Sohn Jonas und der 13-jährigen Tochter Anna. Sollte nun die ganze Familie zerbrechen, nur weil er endlich so leben wollte, wie er im tiefsten Innern war? Herr Schuster geriet in eine schwere Krise und war so verzweifelt, dass er sogar daran dachte, seinem Leben ein Ende zu setzen.

»Ich kann mich nicht länger selbst verleugnen und weiter als Mann leben. Aber ich kann auch nicht auf meine Familie verzichten«, gestand er dem Psychotherapeuten, an den er sich in größter Not gewandt hatte. Dieser versuchte Herrn Schuster zu beruhigen und besprach mit ihm, wie sich ein Leben als Transfrau vielleicht doch

mit dem Leben als Familienvater vereinbaren lasse. Außerdem schlug er ein gemeinsames Gespräch mit beiden Ehepartnern vor.
Frau Schuster willigte nach anfänglichem Zögern ein, mit ihrem Mann zusammen zu dessen Psychotherapeut zu gehen. Auf der einen Seite befürchtete sie, dieser werde Manfreds Partei ergreifen und sie zu überzeugen versuchen, dass sie auf alles eingehen und alles unterstützen müsse, was ihr Mann plane. Auf der anderen Seite aber hoffte sie, der Therapeut werde ihre Situation und vor allem die der Kinder verstehen und Manfred klarmachen, dass er sich entscheiden müsse, ob er weiterhin als Mann in der Familie leben wolle – was für sie im Wissen um seine Transidentität nun aber eigentlich unerträglich wäre – *oder* ob er ein eigenes Leben als Transfrau führen wolle, was dann aber den totalen Bruch mit ihr und den Kindern zur Folge haben würde.
Die gemeinsame Therapiesitzung mit dem Ehepaar Schuster gestaltete sich außerordentlich schwierig. Herr Schuster versuchte seiner Frau klarzumachen, dass er sie und die Kinder liebe und sich ein Leben ohne die Familie nicht vorstellen könne. »Wenn ich nicht mehr mit euch zusammen sein kann, hat mein Leben keinen Sinn mehr«, schloss er. »Jetzt willst du mich mit Selbstmorddrohungen noch mehr unter Druck setzen!«, rief seine Frau empört. »Da sehen Sie es selbst«, wandte sie sich an den Psychotherapeuten, »so verlaufen alle unsere Gespräche. Er will auf Biegen und Brechen sein Leben als Frau führen und kümmert sich keinen Deut darum, was das für mich und die Kinder bedeutet! Erklären Sie ihm mal, wie die Kinder leiden werden, wenn ihr Vater plötzlich eine Frau wird und geschminkt, mit Perücke und in Kleidern herumrennt und zum Gespött der Umgebung wird. Hast du denn nicht das geringste Mitgefühl mit deinen Kindern?«, wandte sie sich voller Zorn wieder ihrem Mann zu. Mit den Worten: »Hauptsache, du kannst dir deine Wünsche erfüllen. Wir sind dir doch völlig gleichgültig«, brach sie in Tränen aus.
Der Psychotherapeut schlug vor, noch einige weitere gemeinsame Gespräche zu führen und nach Wegen zu suchen, die beiden Ehepartnern und den Kindern gerecht würden. Frau Schuster zweifelte zwar daran, dass solche Sitzungen eine befriedigende Klärung

bringen könnten, war aber bereit dazu, »weil ich nicht möchte, dass Manfred mir nachher vorwirft, ich hätte alles boykottiert«. Auch die folgenden Gespräche gestalteten sich schwierig. Herr Schuster sah für sich keine Möglichkeit, weiterhin als Mann zu leben. Seine Frau akzeptierte dies zwar ein Stück weit, beharrte aber darauf, dass dann ein weiteres Zusammenleben mit ihm für sie nicht mehr möglich sei und dass ihr Mann in dem Moment, in dem er als Frau auftrete, der Kontakt mit den Kindern beenden müsse.

Trotz dieser grundlegenden Divergenzen konnten sich die Ehegatten in den gemeinsamen Therapiesitzungen immerhin darauf einigen, den Kindern nicht nur mitzuteilen, dass sie sich trennen würden (dies war eigentlich der Wunsch von Frau Schuster), sondern auch, dass der Vater in Zukunft als Frau leben werde. Herr Schuster war erleichtert, dass seine Frau wenigstens einwilligte, die Kinder über seine Transidentität zu informieren. Er hoffte im Geheimen, es werde für die Kinder nicht solch ein Schock sein, wie seine Frau befürchtete, und sie würden den Kontakt zu ihm nicht abbrechen.

Auf Anraten des Psychotherapeuten beschlossen Schusters, sich für den Trennungsprozess Zeit zu lassen und die Kinder behutsam darauf vorzubereiten. Außerdem empfahl er den Eltern, die Kinder psychotherapeutisch begleiten zu lassen, falls sich herausstellen sollte, dass sie heftig auf die Mitteilung von der Transidentität des Vaters reagieren würden. »Ich organisiere das schon«, war der knappe Kommentar von Frau Schuster darauf. »Ich habe mich schon nach einer Psychotherapeutin umgeschaut.«

Als Herr Schuster bei einem Spaziergang, den er mit der 13-jährigen Tochter alleine machte, ansetzte, ihr von seiner Transidentität zu berichten, merkte er, dass sie längst darüber informiert war. »Das hat Mama mir alles schon erzählt«, unterbrach Anna den Vater, als er ihr seine Gefühle und seine weiteren Pläne erklären wollte. »Du ziehst dann ja aus und lebst für dich. Ich will dich auch nie als Frau sehen! – Bääh!«, fügte sie voller Abscheu hinzu.

Herrn Schuster verschlug es die Sprache angesichts der heftigen Ablehnung, die ihm von Seiten seiner Tochter entgegenschlug. »Ich kann dir mal ein Bild von mir als Frau zeigen«, versuchte er nach einiger Zeit das Gespräch wieder aufzunehmen. »Du wirst staunen.

Da sehe ich sehr gut aus.« »Behalt das bloß für dich! Ich will das gar nicht sehen. Mama hat auch gesagt, dass es das Letzte ist, dass du jetzt eine Frau sein willst. Wie soll ich das meinen Freundinnen erklären? Die lachen mich doch aus mit einem Vater, der als Frau herumläuft!«

Alle Versuche des Vaters, mit Anna ein konstruktives Gespräch zu führen, schlugen fehl. Sie äußerte sich nur ablehnend gegenüber seinem Plan, als Frau zu leben. Als besonders verletzend empfand Herr Schuster es, dass er in vielen Äußerungen der Tochter die Formulierungen wiederfand, die auch seine Frau verwendete. Offensichtlich hatte sie der Tochter ein so negatives Bild von der Transidentität des Vaters vermittelt, dass alle gegenteiligen Hinweise von Herrn Schuster an Anna abprallten.

Etwas anders verlief das Gespräch, das Herr Schuster mit dem 10-jährigen Jonas führte. Auch er war schon von der Mutter informiert worden und äußerte sich anfangs auch eher negativ. Vor allem warf er dem Vater vor, dass dieser sich von der Familie trennen wolle. »Das will ich überhaupt nicht«, korrigierte Herr Schuster den Sohn. »Mama findet, dass ich ausziehen muss, wenn ich als Frau leben will. Ich würde sehr gerne bei euch bleiben!« Manfred Schuster war erleichtert, dass wenigstens mit Jonas ein einigermaßen konstruktives Gespräch zu führen war und er seinen Standpunkt formulieren konnte.

So erklärte er Jonas auch, dass er sich schon immer als Frau gefühlt habe und nun endlich auch als Frau leben wolle, dass sich dadurch aber seine Beziehung zu den Kindern nicht verändern würde. »Ich bleibe für euch der Papa, auch wenn ich als Frau lebe.« »Aber dann können wir dich doch nicht mehr Papa nennen«, wandte Jonas ein. »Und Mama können wir auch nicht sagen. Die gibt es ja schon«, fügte er nachdenklich hinzu. »Ihr könntet mich bei meinem weiblichen Vornamen nennen«, meinte der Vater. »Und wie heißt du dann?«, fragte Jonas voller Interesse. »Ich werde Monika heißen.« »Das ist ja heiß«, rief Jonas. »Wenn ich das meinen Klassenkameraden erzähle, werden die mir das nicht glauben. Du musst mich dann mal als Frau von der Schule abholen. Da werden die aber staunen!«

Auch wenn Herrn Schuster klar war, dass es für Jonas nicht ganz so einfach sein würde, wie er sich das in diesem Gespräch vorstellte, war er doch sehr entlastet zu erleben, dass sich nicht beide Kinder von ihm abwandten. Was Anna betraf, hoffte er, sie werde ihre Meinung mit der Zeit doch noch ändern. In etlichen Gesprächen, die er mit seiner Frau führte, versuchte er ihr auch klarzumachen, dass sie den Kindern keinen Gefallen tue, wenn sie so negativ über seine Transidentität spreche. »Du stürzt sie ja direkt in Loyalitätskonflikte«, warf er ihr in einem dieser Gespräche vor. »Was soll Anna denn machen, wenn sie von dir nur Negatives über mich hört? Ich bin doch ihr Vater, und sie hängt an mir. Das spüre ich doch.« »Du musst jetzt nicht mir die Schuld in die Schuhe schieben«, verteidigte sich Frau Schuster. »Wer stellt denn hier die Welt auf den Kopf? Du oder ich? Du bist es doch, der uns alle in diese Situation hineindrängt! Wenn du nie mit diesem verrückten Plan, Frau sein zu wollen, gekommen wärst, wäre alles in Ordnung gewesen.«

Trotz vieler Gespräche, die Schusters miteinander führten, kam keine Einigung zustande. So musste Herr Schuster, als er sich entschloss, den Rollenwechsel vorzunehmen, aus dem gemeinsamen Haushalt ausziehen. Anna blieb dabei, den Vater nie als Frau sehen zu wollen. Jonas hingegen hatte sich vom Vater Fotos zeigen lassen, auf denen er als Frau zu sehen war, und versicherte ihm, er werde ihn besuchen, wenn er ausgezogen sei. »Und komm bloß nie in Frauenkleidern in die Nähe unserer Wohnung«, warnte Frau Schuster ihren Mann am Tag seines Auszugs. »Nimm wenigstens ein bisschen Rücksicht auf die Kinder und mich, und mach uns nicht zum Gespött der Nachbarn!«

Zu Herrn Schusters Bedauern brachte auch die psychotherapeutische Begleitung, die Frau Schuster für die Kinder organisiert hatte, keine Verbesserung der Situation. Die Psychotherapeutin war wie Frau Schuster der Ansicht, den Kindern sei der Rollenwechsel des Vaters nicht zuzumuten und es sei das Beste, wenn sie den Kontakt zum Vater ganz abbrächen. Während vieler Jahre gab es keinen Kontakt mehr zwischen der Tochter und ihrem Vater, der jetzt als Monika Schuster lebte, obwohl er zu Geburtstagen und Weihnachten Karten und Geschenke an sie schickte, auf die Anna aber nicht reagierte. Mit dem Sohn hatte Monika Schuster alle paar Wochen Kontakt, auch wenn Frau Schuster das nicht gerne sah. Jonas besuchte den Vater, und sie verbrachten an den Wochenenden immer wieder etliche Stunden zusammen.

Dieses Beispiel der Familie Schuster ist ein Negativbeispiel, das vielleicht auch Ihre geheimsten Ängste anspricht. Ich habe es dargestellt, da es durchaus auch solche Situationen in Transfamilien gibt. Es erscheint mir wichtig, dass Sie als Familienmitglied, Freund oder Freundin einer Transfrau oder eines Transmannes darauf vorbereitet sind, dass es in den Familien von Transmenschen keineswegs immer Verständnis für deren Situation und einvernehmliche Lösungen für den Umgang mit den Kindern gibt. Gerade als Freundin, Freund oder Verwandte kann Ihnen in einer solchen Situation eine wichtige Rolle als Vermittler zwischen den Ehepartnern oder zwischen Eltern und Kind zufallen.

Versuchen wir die vehemente Ablehnung von Frau Schuster zu verstehen, so ist diese wohl in erster Linie durch die tiefe Enttäuschung zu erklären, die sie angesichts der Transidentität ihres Mannes empfindet. Sie hat ihren Mann als Mann geliebt und geheiratet und ist durch seine Mitteilung, dass er eine Frau ist und in Zukunft als Frau leben möchte, zutiefst verunsichert. Oft fühlen sich die Partnerinnen und Partner von Transmenschen auch betrogen, wenn sie erfahren, dass ihre Frau oder ihr Mann schon seit Jahren, unter Umständen sogar von Kindheit oder Jugend an gespürt hat, »trans« zu sein, und dennoch eine Ehe mit ihnen eingegangen ist.

Wie ich in Kapitel 9 ausgeführt habe, tut man Transmenschen mit einem solchen Vorwurf aber unrecht. Oft haben sie versucht, ihre Transidentität beiseitezuschieben, und haben sich – etwa wie Herr Zöllner im Beispiel in Kapitel 1 – zum Teil geradezu krampfhaft bemüht, sich der biologischen Rolle anzupassen. Die Eheschließung ist mitunter Ausdruck dieses Bemühens, eine »normale« Frau bzw. ein »normaler« Mann zu sein. Außerdem hat in der Regel die Partnerwahl, die der betreffende Transmensch getroffen hat, für ihn auch durchaus gestimmt, und er liebt seine Ehefrau bzw. seinen Ehemann. Das Problem ist nur, dass eine Transfrau wie Herr Schuster auf die Dauer nicht als Mann leben kann und deshalb eine Transition vornehmen möchte. Die kann für eine Ehefrau wie Frau Schuster – gerade weil auch sie ihren Mann liebt – allerdings eine so tiefe Verletzung sein, dass sie nur noch die Möglichkeit eines totalen Beziehungsabbruchs sieht.

Während die Erwachsenen mit einer solchen Situation noch einigermaßen umgehen können, ergeben sich für die Kinder daraus unter Umständen große Probleme, wenn, wie im Beispiel der Familie Schuster, der nicht transidente Elternteil darauf besteht, dass auch der Kontakt der Transmutter bzw. des Transvaters zu den Kindern total abbricht. Die Motive dafür können unterschiedlicher Art sein. Dem Wunsch von Frau Schuster, den Kontakt zwischen ihrem Mann und den Kindern zu unterbinden, liegt offenbar ihr Gefühl des Verletztseins zugrunde. Ihr Hinweis an Herrn Schuster, er müsse zwischen einem Leben als Frau und der Familie wählen, stellt im Grunde den Versuch dar, ihm in ähnlicher Weise weh zu tun, wie er ihr weh getan hat. Auch wenn derartige Gefühle und Reaktionen ein Stück weit nachvollziehbar sind, ist es vor allem auch im Interesse der Kinder wichtig, dass der nicht transidente Elternteil sich bemüht, seine persönliche Verletztheit zurückzustellen und alles zu tun, den Kontakt der Kinder zum Transvater bzw. zur Transmutter aufrechtzuerhalten.

Man würde Frau Schuster indes unrecht tun, wollte man ihre vehemente Ablehnung der Transidentität ihres Mannes und ihr Drängen auf einen völligen Kontaktabbruch zwischen Vater und Kindern lediglich als Racheakt ihm gegenüber interpretieren. Ein wesentliches Motiv von nicht transidenten Ehepartnern ist tatsächlich oft die Angst, die Kinder könnten die Transition des Transelternteils nicht verkraften und würden dadurch schweren psychischen Schaden erleiden. In einer solchen Meinung werden sie unter Umständen noch bestärkt durch das, was sie an negativen Stellungnahmen im Internet lesen oder auch von Fachleuten erfahren. Im Fall der Familie Schuster ist die Psychotherapeutin, die Anna und Jonas begleitet, diesbezüglich der gleichen Meinung wie Frau Schuster und bestärkt sie darin, den Kontakt zwischen Vater und Kindern zu unterbinden.

Vielleicht haben auch Sie als Angehörige oder Freund einer Transfrau oder eines Transmannes mit Kindern die gleichen Befürchtungen wie Frau Schuster und Annas und Jonas' Psychotherapeutin. Doch derartige Ängste, die Kinder würden einen schwerwiegenden psychischen Schaden davontragen, wenn sie die Transition eines Elternteils miterleben würden, sind nicht berechtigt. Es liegen uns einige Studien über die Entwicklung von Kindern mit einem Transelternteil vor (siehe Rauchfleisch 2012b). Diese Untersuchungen weisen übereinstimmend nach, dass die Kinder von Transeltern eine Entwicklung wie andere Kinder auch durchlaufen und keine Auffälligkeiten zeigen. Wichtig ist allerdings, dass die Eltern eine gemeinsame Strategie bezüglich der Information über die Transidentität verfolgen und den Kindern vermitteln, dass sie auch in Zukunft Eltern für sie sein werden, unabhängig davon, ob sie als Ehepaar weiterhin zusammenleben werden oder nicht. Von großer Bedeutung ist ferner, dass die Eltern einander Wertschätzung entgegenbringen und ihren Konflikt nicht auf dem Rücken der Kinder austragen.

Unter diesem Aspekt ist es verhängnisvoll, dass in dem geschilderten Beispiel Frau Schuster die Kinder durch ihre vehemente Ablehnung der Transidentität ihres Mannes in Loyalitätskonflikte stürzt. Indes zeigt das Beispiel aber auch, dass Kinder ganz unterschiedlich mit einer solchen Situation umgehen können. Während die 13-jährige Anna sich völlig mit der Mutter solidarisiert und dem Vater vermittelt, dass sie nach seiner Transition nichts mehr mit ihm zu tun haben möchte, zeigt der 10-jährige Jonas nach anfänglicher Skepsis großes Interesse am Leben des Vaters als Frau. Wenn Sie in Ihrer eigenen Familie Kinder haben, die Zeuge eines Transitionsprozesses der Mutter oder des Vaters werden, oder wenn es in Ihrem Freundeskreis eine solche Familie gibt und Sie etwas zur Entspannung und Lösung dieser Situation beitragen wollen, sollten Sie bedenken, dass die Reaktionen der Kinder von verschiedenen Faktoren abhängen.

Ein wesentlicher Faktor ist die Persönlichkeit des Kindes und die Art seiner Beziehung zu den Eltern. Im Beispiel der Familie Schuster könnte die Solidarisierung der Tochter Anna mit der Mutter dadurch begründet sein, dass sie, vielleicht nicht zuletzt als Mädchen, eine besonders enge Beziehung zur Mutter hat. Sie würde es deshalb unter Umständen geradezu als »Verrat« an der Mutter erleben, wenn sie die Beziehung zum Vater aufrechterhielte, obwohl die Mutter dies unter keinen Umständen möchte. Der Sohn hingegen fühlt sich offenbar dem Vater besonders nahe und ergreift deshalb eher dessen »Partei«.

Diese Interpretation der in der Familie Schuster vorherrschenden Dynamik zeigt, dass bereits etliches in der Familie schiefgelaufen sein muss, wenn Kinder in die Rolle von »Parteigängern« gedrängt werden. Der Psychotherapeut, der die begleitende Psychotherapie von Herrn Schuster übernommen und einige gemeinsame Gespräche mit dem Ehepaar geführt hat, versuchte zwar, die »Fronten« etwas aufzuweichen und dadurch die Kinder zu entlasten. Frau Schuster ist zu diesem Schritt aber – zumindest im Moment – nicht fähig und nicht bereit und wird später durch die ablehnende Haltung der Psychotherapeutin ihrer Kinder weiter in der Ablehnung der Transidentität ihres Mannes bestärkt. Dies ist eine äußerst unglückliche Konstellation. Wäre die Psychotherapeutin der Kinder gegenüber dem Phänomen Transidentität prinzipiell unvoreingenommen eingestellt gewesen, hätte sie zweifellos einen positiven Einfluss auf Frau Schuster nehmen können, was die Beziehung zwischen den Kindern und ihrem Vater betrifft.

Außer der Persönlichkeit der Kinder und der Art ihrer Beziehung zu den Eltern wird die Reaktion von Kindern auf die Transidentität eines Elternteils auch durch das Alter bestimmt, in dem die Kinder davon erfahren. Die erwähnten uns vorliegenden Studien über Kinder von Transeltern zeigen, dass Kinder in der Vorpubertät, in der Adoleszenz und im Erwachsenenalter damit besser umgehen können als Pubertierende. Dies ist verständlich, da Kinder in der Pubertät stark mit ihrer sich entwickelnden Sexualität und mit dem Finden ihrer Geschlechterrolle beschäftigt sind. Deshalb irritiert sie ein »Geschlechtswechsel« von Mutter oder Vater in dieser Entwicklungsphase in stärkerem Maße als vor und nach der Pubertät.

Der Altersfaktor könnte auch bei den Kindern der Familie Schuster eine nicht unwesentliche Rolle spielen. Anna ist in der Pubertät und reagiert deshalb irritierter als ihr noch vor der Pubertät stehender Bruder Jonas. Auch das stärkere Verpflichtungsgefühl der Tochter gegenüber der Mutter und Annas Solidarisierung mit ihr sind möglicherweise durch die Entwicklungsphase bedingt, in der die Tochter sich befindet.

Es sei aber noch einmal ausdrücklich darauf hingewiesen, dass Sie als Eltern von Kindern mit einem transidenten Elternteil wesentlich mitbestimmen, wie sich die Beziehung Ihrer Kinder zur Transmutter oder zum Transvater nach der Transition entwickelt. Klären Sie als Eltern Ihre Beziehung zueinander, und suchen Sie Hilfe bei Fachleuten, die Erfahrung mit Transidentität haben und ihr unvoreingenommen gegenüberstehen, wenn Sie merken, dass Sie sich festfahren und jedes Gespräch in gegenseitige Vorwürfe und Entwertungen mündet. Aber *halten Sie unter allen Umständen Ihre Kinder aus diesem persönlichen Konflikt heraus.* Seien Sie ihnen trotz aller eigenen Gefühlsstürme Mutter und Vater, die den Kindern nach wie vor als *gemeinsames Elternpaar* zur Verfügung stehen. Und vermeiden Sie es, sich den Kindern gegenüber negativ über den anderen Elternteil zu äußern und das Kind zu Ihrem Verbündeten zu machen.

Wenn Sie als Verwandte, Freund oder Freundin einer Familie mit einem Transelternteil wahrnehmen, dass sich wie bei der beschriebenen Familie Schuster Konflikte anbahnen, leisten Sie allen Beteiligten den größten Dienst, wenn Sie die Eltern darauf ansprechen und sich als Vermittlerperson zur Verfügung stellen. Sollte sich herausstellen, dass die »Fronten« total verhärtet sind, raten Sie den Eltern dazu, qualifizierte fachliche Hilfe in Anspruch zu nehmen. Als den Eltern nahestehende und doch nicht selbst direkt involvierte Person haben Sie wahrscheinlich eine viel größere Chance, von den Eltern gehört zu werden, als andere Personen aus dem Umfeld der Familie.

Außerdem können Sie unter Umständen den Kindern eine Stütze sein, indem Sie sich ihnen als Gesprächspartner zur Verfügung stellen. Auch in diesem Fall sind Sie wahrscheinlich als nicht direkt involvierte Vertrauensperson dazu besser geeignet als die zerstrittenen Eltern oder andere der Familie ferner stehende Menschen. In der Regel, vor allem bei jüngeren Kindern, wird es indes nötig sein, die Eltern zu fragen, ob sie damit einverstanden sind, dass Sie mit den Kindern sprechen. Denn wenn Sie die Eltern nicht über Ihre Bereitschaft, mit den Kindern zu sprechen, informieren, können Sie leicht »zwischen die Fronten« geraten und von einem oder sogar von beiden Elternteilen beschuldigt werden, Sie mischten sich in innerfamiliäre Angelegenheiten ein, die Sie nichts angingen.

Da längst nicht in allen Familien mit einem Transelternteil Probleme der Art auftauchen, wie ich sie am Beispiel der Familie Schuster geschildert habe, sei noch ein zweites – positives – Beispiel dargestellt. Es betrifft die Familie Kaiser:

> Manuel Kaiser (40 Jahre, Angestellter in einem Architekturbüro), seine Frau Anne (38 Jahre, Büroangestellte), die Tochter Laura (10 Jahre) und den Sohn Tom (8 Jahre). Manuels Neigung, Frauenkleider zu tragen, war schon zu Beginn seiner Ehe mit Anne ein Thema gewesen. Anne hatte in einem Koffer, den ihr Mann auf dem Dachboden versteckt hatte, Frauenunterwäsche und -kleider gefunden und Manuel zur Rede gestellt. Er hatte ihr gestanden, dass es in seinem Leben immer wieder Phasen gegeben habe, in denen er das starke Bedürfnis gespürt habe, Frauenkleider anzuziehen. Seit der Eheschließung sei dieses Bedürfnis aber verschwunden.
>
> Vor einigen Monaten hatte er seiner Frau eröffnet, dass er nach wie vor Frauenkleider anziehe, wenn sie und die Kinder abwesend seien. Ihm sei im Verlauf des letzten Jahres klar geworden, dass er transident sei. Durch diese Mitteilung war Anne Kaiser zwar enorm verunsichert. Doch immerhin war sie nicht völlig ohne Vorahnung gewesen, auch wenn sie bisher nie an die Möglichkeit gedacht hatte, ihr Mann könne transident sein.
>
> Die Partner führten viele Gespräche miteinander, um sich darüber klar zu werden, wie die Zukunft für die Familie aussehen könnte. Herr Kaiser hatte sich einen Psychotherapeuten gesucht, mit dem er seine persönliche Situation besprechen und den Weg der Transition planen konnte. Bei einigen Sitzungen war auch Frau Kaiser anwesend. Sie konnte sich ein Zusammenleben mit ihrem Mann nach seiner Transition zwar nicht vorstellen, empfand es aber als selbstverständlich, dass sie, nicht zuletzt wegen der Kinder, auch nach seinem Rollenwechsel und der körperlichen Angleichung weiterhin Kontakt mit ihm halten werde. Ein zentrales Thema in den Gesprächen, welche die Ehegatten zusammen mit Herrn Kaisers Psychotherapeuten führten, war die Frage, wie sie die Kinder über die Transidentität des Vaters informieren und die Situation so gestalten könnten, dass die Kinder keinen Schaden nähmen.
>
> Eine der möglichen Varianten war, dass sie mit jedem Kind einzeln sprächen, unter Umständen auch nur jeweils ein Elternteil. Da Kai-

sers ihren Kindern aber schon durch die Art, wie sie sie informierten, vermitteln wollten, dass sie als Elternpaar nach wie vor eine Einheit darstellten, entschlossen sie sich, einen »Familienrat« einzuberufen und beide Kinder zur gleichen Zeit zu informieren. Dabei war ihnen daran gelegen, zunächst nur die wichtigsten Dinge zu besprechen, also die Tatsache, dass der Vater sich als Frau fühle. Herr Kaiser hatte sich nach reiflicher Überlegung zu dieser Formulierung durchgerungen, da ihm klar war, dass es für die Kinder schwer verständlich wäre, wenn er sage, er sei eine Frau. Außerdem wollten sie den Kindern ankündigen, dass er demnächst im Haus auch als Frau auftrete. Von den geplanten hormonellen und chirurgischen Interventionen erwähnten sie in diesem ersten Gespräch noch nichts. Sie thematisierten auch nicht, ob Herr Kaiser nach der Transition weiterhin mit Frau und Kindern zusammenleben werde. Den Eltern war vielmehr wichtig, dass die Kinder überhaupt erst einmal von der Transidentität des Vaters erführen.

Das Ehepaar Kaiser war mit klopfendem Herzen in dieses Gespräch gegangen, hatten sie doch befürchtet, die Kinder würden auf diese Information unter Umständen heftig reagieren. Zu ihrem Erstaunen hörten sich Laura und Tom die Ausführungen der Eltern aber ruhig an. Sie waren zwar sichtlich irritiert über die Mitteilung der Eltern und signalisierten auch, dass sie nicht verstünden, »was das jetzt soll. Es ist doch nicht Karneval, wo die Leute sich verkleiden!« Aber als die Eltern ihnen erklärten, dass es Männer gebe, die sich in Frauenkleidern besonders wohl fühlten und den Rollenwechsel vornehmen müssten, damit es ihnen gut gehe, fanden die Kinder, wenn dem Vater so viel daran liege, solle er das doch ruhig tun.

»Ich bin gespannt, wie du in Frauenkleidern aussiehst«, meinte Laura, und der zweifelnde Unterton in ihrer Stimme war nicht zu überhören. »Dann musst du aber auch eine Perücke aufsetzen. Sonst sieht das ja komisch aus. Leih dir doch die alte Perücke von Oma. Sie hat jetzt ja eine neue und gibt dir sicher ihre alte.« Kaisers nahmen diese Äußerung der Tochter zum Anlass, den Kindern zu sagen, dass das Auftreten des Vaters als Frau etwas sei, das die Eltern anderen vorerst noch nicht mitteilen wollten. Es sei etwas ganz Privates. Auch wenn den Eltern klar war, dass sich das Crossdressing des Vaters nicht auf Dauer geheim halten lasse und sie die Kinder auch nicht durch die Rolle von Geheimnisträgern belasten wollten, hatten sie sich zu diesem Hinweis entschieden, da sie zu diesem Zeitpunkt noch nicht einen weiteren Kreis von Menschen über Herrn Kaisers Transidentität informieren wollten.

Tom war im ersten Gespräch mit den Eltern eher zurückhaltend. Er fragte zwar einiges, so beispielsweise, was der Vater denn so toll daran finde, Frauenkleider zu tragen, und ob der Vater nur im Haus oder auch draußen als Frau auftreten werde. Insgesamt blieb er aber stiller als Laura. Am Ende des gemeinsamen Gesprächs vereinbarten die Eltern mit den Kindern, dass sie Fragen nicht zurückhalten, sondern sie den Eltern stellen sollten. »Kommt einfach zu einem von uns und sagt, was euch durch den Kopf geht. Es ist wichtig, dass ihr das ausprecht und nicht mit euch herumschleppt, ohne darüber zu reden.«

In den folgenden Wochen kamen die Kinder immer wieder mit Fragen und Kommentaren zu einem der Elternteile, meist allerdings zur Mutter. Als die Eltern den Eindruck gewonnen hatten, die Kinder hätten ungefähr begriffen, worum es dem Vater gehe, zeigte er ihnen anlässlich eines Gesprächs, das er mit ihnen führte, ein Bild von sich als Frau. Ungläubig schauten die Kinder das Foto an. »Das sollst du sein?«, fragte Laura erstaunt. »Du siehst ja wirklich aus wie eine richtige Frau. Super!« Tom schien etwas weniger begeistert zu sein, äußerte aber auch anerkennend, der Vater sehe auf dem Foto aus »wie eine richtige Frau«.

Als nächsten Schritt beschlossen die Eltern, dass Herr Kaiser nun im Haus auch real als Frau auftrete. »Es ist wahrscheinlich am besten, wenn du die Kinder dabei sein lässt, wenn du dich umziehst, und sie auf diese Weise deine Verwandlung miterleben und dich nicht plötzlich als Frau treffen«, schlug Frau Kaiser vor. Ihrem Mann leuchtete das ein. Die Eltern teilten dies den Kindern mit, die damit einverstanden waren, und vereinbarten, dass der Vater am kommenden Wochenende mit den Kindern und Frau Kaiser zusammen sein Crossdressing vornehmen werde. In den nächsten Tagen fragten die Kinder immer wieder, ob der Vater denn nicht schon vor dem Wochenende, zum Beispiel an einem Abend, sich »zur Frau machen« könne, wie sie es formulierten. Die Eltern blieben

aber dabei, dass es am Wochenende geschehe, da dann mehr Zeit zur Verfügung stehe.
Am vereinbarten Wochenende gingen die Eltern mit den Kindern in das Zimmer des Vaters, wo er in einem Schrank seine Frauenkleidung aufbewahrte. »Das gehört alles dir?«, rief Laura erstaunt, als der Vater die Schranktür öffnete und die Kinder die verschiedenen Kleider, die Damenwäsche und -strümpfe, eine große Zahl von Damenschuhen und drei Perücken sahen, die er gekauft hatte. »Ja«, antwortete Herr Kaiser. »Ich habe mir diese Sachen im Laufe der Jahre gekauft, weil ich sie schön finde und gerne anziehe. Heute will ich aber für euch ein ganz besonders schönes Kleid anziehen.«
Zusammen mit seiner Frau holte er die Damenunterwäsche, die Nylonstrümpfe und ein zweiteiliges Kleid mit einem Blumenmuster aus dem Schrank und begann sich umzuziehen. Die Kinder betrachteten das Ganze staunend. »Für Laura und Tom war es wahrscheinlich wie eine Theateraufführung«, meinte später Frau Kaiser zu ihrem Mann. »Sie haben dir wie gebannt zugeschaut.« Als Herr Kaiser sich in den BH einige Taschentücher stopfte, um die BH-Körbchen zu füllen, begann Tom schallend zu lachen. »Siehst du, Papa, du bist ja doch keine richtige Frau. Du hast ja keinen Busen wie Mama und musst dir da Taschentücher reinstecken.« »Das stimmt«, pflichtete Herr Kaiser dem Sohn bei. »Im Moment muss ich den BH noch mit Taschentüchern füllen.«
Besonderes Interesse der Kinder fand das Schminken. Staunend sahen sie, wie der Vater zuerst eine Creme und dann Rouge und Puder auf das Gesicht auftrug und den Kindern erklärte: »Mit meiner männlichen Haut brauche ich solch eine gute Abdeckung. Die nennt man ›Camouflage‹.« Und dann sahen sie zu, wie er die Lidschatten und die Augenbrauenstriche anbrachte. Dabei erklärte er ihnen jeden Schritt des Schminkens. Als er schließlich eine schwarzhaarige Perücke aus dem Schrank nahm und aufsetzte, rief Laura: »Darf ich auch mal eine von deinen Perücken aufsetzen? Und Tom setzt die dritte auf, die du da im Schrank hast. Bitte lass uns die ausprobieren!« Herr Kaiser verständigte sich durch ein Handzeichen mit seiner Frau und willigte ein, da er den Eindruck hatte, es sei gut, dass die Kinder lernten, einen möglichst unbefangenen Umgang mit seinen Perücken zu ha-

ben. Laura und Tom stülpten sich die Perücken über die Köpfe und tanzten damit begeistert vor dem Spiegel hin und her.
Sichtlich fasziniert verfolgten die Kinder jede Handlung des Vaters und stellten eine Fülle von Fragen. So interessierte es Laura brennend, wo er gelernt habe, sich zu schminken, und warum er es so und nicht anders mache. Frau Kaiser saß mehr oder weniger schweigend dabei und ergriff nur selten das Wort, meist um kurz etwas zu erklären, wenn ihr Mann ins Stocken geriet.
Die Eltern hatten sich bewusst viel Zeit genommen, damit die Kinder die »Verwandlung« des Vaters Schritt für Schritt mitverfolgen konnten. »Das haben wir jetzt super hinbekommen!«, rief Laura begeistert, als Herr Kaiser geschminkt, mit Perücke und Kleid vor den Kindern und seiner Frau stand. »Du siehst aber viel schicker aus als Mama«, flüsterte Tom dem Vater, mit einem vorsichtigen Seitenblick auf die Mutter, leise ins Ohr.
In der Folge trat Herr Kaiser immer häufiger im Haus als Frau auf. Es verging nicht viel Zeit, bis die Kinder das als selbstverständlich empfanden. »Ich bin ganz erstaunt, dass Laura und Tom das so einfach schlucken«, meinte Frau Kaiser in einem Gespräch mit ihrem Mann. »Ich habe den Eindruck, für die Kinder ist das so wie wenn andere Väter zu Hause ihre Berufskleidung ausziehen und im Freizeitlook erscheinen«, antwortete Herr Kaiser. »Als ich mich kürzlich an einem Wochenende mal nicht umgezogen habe, hat mich Laura sogar erstaunt gefragt, warum ich mich nicht schminke und als Frau kleide.«
Das Ehepaar Kaiser entschloss sich einige Monate später in Absprache mit dem Psychotherapeuten, der Herrn Kaiser beim Transitionsprozess begleitete, dass Herr Kaiser den Wechsel ins weibliche Geschlecht nun auch in der Öffentlichkeit und im Beruf vornehmen werde. Auch diesen Schritt besprachen sie zuvor ausführlich mit den Kindern. Sie informierten auch die Lehrerinnen und Lehrer der Kinder über die anstehende Veränderung und sprachen mit den Eltern der mit Laura und Tom eng befreundeten Klassenkameradinnen und -kameraden. Die Lehrerinnen und Lehrer reagierten sehr verständnisvoll und versprachen, aufmerksam zu beobachten, ob es Reaktionen, vor allem negative, gegenüber Laura und Tom gebe. Außerdem bat das Ehepaar Kaiser die Kinder, ihnen

sofort zu berichten, wenn sie wegen der Transidentität ihres Vaters angefeindet würden.

Die Reaktionen der anderen Eltern, die Kaisers informierten, fielen unterschiedlich aus. Zumeist war die erste Reaktion ungläubiges Erstaunen und besorgte Fragen, wie das denn für Laura und Tom sei. Frau Kaiser, die es übernommen hatte, die anderen Eltern zu informieren, hatte jeweils ein Foto bei sich, das ihren Mann als Frau zeigte. Dies überzeugte die anderen Eltern im Allgemeinen. Außerdem wies Frau Kaiser in diesen Gesprächen darauf hin, dass es gerade um der Kinder willen wichtig sei, dass sie keinen Anfeindungen in der Schule und im Freundeskreis ausgesetzt seien. Dies sei ja der Grund für die Information der anderen Eltern, damit diese ihren Kindern die nötigen Informationen über Herrn Kaisers Transidentität geben und auf sie in positiver Weise einwirken könnten.

Kaisers lebten in den ersten Wochen nach dem Rollenwechsel in erheblicher Spannung. Es zeigte sich aber bald, dass dieser Prozess viel unproblematischer verlief, als sie angenommen hatten. Enge Freundinnen und Freunde von Laura und Tom fragten die Kinder zwar voller Interesse, wie es denn für sie sei, dass ihr Vater nun plötzlich eine Frau sei. Laura und Tom waren aber inzwischen so versiert im Erklären dessen, was Transidentität ist, und auch selbst so sehr an das Auftreten des Vaters als Frau gewöhnt, dass es ihnen nicht peinlich war und auch nicht schwerfiel, auf solche Fragen zu antworten. Die Sicherheit, die sie dabei ausstrahlten, wirkte sich auch insofern positiv aus, als ihre Äußerungen von den Klassenkameradinnen und -kameraden ernst genommen wurden und Laura und Tom keine Ausgrenzungen in der Schule und im Freundeskreis erlebten.

Das Ehepaar Kaiser beschloss, nach Herrn Kaisers Rollenwechsel und nach seiner chirurgischen Angleichung an das weibliche Geschlecht vorerst weiter zusammenzuleben. Ihre sexuelle Beziehung hatten sie in dem Moment beendet, als Herr Kaiser im Haus als Frau auftrat. Frau Kaiser hatte ihrem Mann damals erklärt, dass sie unter diesen Umständen keine intime Beziehung mehr mit ihm unterhalten könne. Das weitere Zusammenleben hingegen war für sie – zumindest für die nächste Zeit – durchaus möglich.

Zwei Jahre nach Abschluss der körperlichen Angleichung von Sylvia Kaiser (dies war nach der Personenstandsänderung nun Herrn Kaisers offizieller weibliche Name) entschieden sich die Ehepartner dann doch, jeder für sich zu leben. Gerade weil sie sich emotional nach wie vor verbunden fühlten, spürten sie, dass das Zusammenleben sie darin behinderte, eigene Wege zu gehen. Sie besprachen deshalb mit den Kindern, dass Sylvia Kaiser sich eine eigene Wohnung suchen werde. Dies bedeute jedoch keineswegs dass der Kontakt zum »Vater« – wie Sylvia von den Kindern nach wie vor empfunden wurde, auch wenn sie konsequent den weiblichen Vornamen verwendeten – abbräche. Sylvia Kaiser fand eine Wohnung, die nicht weit vom Haus entfernt war, in dem Frau Kaiser mit den Kindern lebte. Laura und Tom verbrachten regelmäßig jedes zweite Wochenende mit Sylvia, kamen aber oft auch während der Woche abends noch bei ihr vorbei. Außerdem feierten die Eltern alle Geburtstage sowie Weihnachten und Ostern weiterhin zusammen mit den Kindern.

Im Gegensatz zum ersten Beispiel, in dem die Familie Schuster im Moment, in dem Herr Schuster sich outet, zerbricht, geht das Ehepaar Kaiser einen völlig anderen Weg. Ihr Umgang mit Herrn Kaisers Transidentität wird vor allem dadurch möglich, dass Frau Kaiser trotz der großen Irritation, die sie durch die Transidentität ihres Mannes erfährt, und trotz der Gefühle der Enttäuschung und des Verletztseins sehr darauf bedacht ist, die Kinder nicht in den Konflikt mit ihrem Mann hineinzuziehen. Im Unterschied zu Frau Schuster sucht sie zunächst im Gespräch mit ihrem Mann und dann auch gemeinsam mit ihm und seinem Psychotherapeuten eine Klärung ihrer eigenen Position und überlegt dann zusammen mit ihrem Mann, wie sie die Kinder am besten informieren könnten.

Wenn Sie selbst als Ehepartner bzw. Ehepartnerin, Angehörige oder Freund von Transeltern miterleben, dass sich in einer Familie der Vater oder die Mutter als Transfrau bzw. als Transmann outen, so ist es im Interesse der Kinder wichtig, unbedingt die *Eltern- und die Kinderebene voneinander zu trennen.* Wie ich bei der Diskussion der Geschichte von Familie Schuster ausgeführt habe, ist es verhängnisvoll, wenn

Eltern versuchen, die Kinder auf ihre Seite zu ziehen und als Verbündete zu benutzen. Eine solche Konstellation wirkt sich letztlich für alle Beteiligten, ganz besonders aber für die Kinder, nachteilig aus. Das Ehepaar Kaiser vermeidet diese Gefahr erfolgreich. Laura und Tom sind in keinem Augenblick auf Mutters oder Vaters »Seite«. Ihnen bleibt dadurch der Loyalitätskonflikt erspart, dem Anna und Jonas Schuster ausgesetzt sind.

Die Einigkeit der Eltern Kaiser wird den Kindern von Anfang an überzeugend demonstriert, beispielsweise schon allein dadurch, dass das erste Gespräch, in dem Laura und Tom über die Transidentität des Vaters informiert werden, von beiden Eltern gemeinsam geführt wird. Außerdem wirkt sich bei der Familie Kaiser positiv aus, dass die Eltern alle weiteren Informationen über die Transidentität und die geplanten Schritte zuerst miteinander absprechen. Auf diese Weise gelingt es Kaisers, Laura und Tom keine widersprüchlichen Informationen zu liefern, die sie verwirren würden.

Während das Ehepaar Schuster im ersten Beispiel die Kinder unvermittelt mit der Transidentität des Vaters konfrontiert und Frau Schuster mit einem starken negativen Affekt reagiert, gehen Kaisers wesentlich vorsichtiger damit um. Positiv wirkt sich bei ihnen aus, dass sie jeweils nur die wichtigsten Informationen geben und die Kinder nicht mit einer Fülle von Details überfordern und dass sie immer wieder zeigen, dass die Familie durch die Transidentität des Vaters nicht bedroht ist.

Zu dem behutsamen Vorgehen von Kaisers gehört unter anderem auch, dass der Vater den Kindern zunächst ein Foto von sich als Frau zeigt. Die Kinder haben dadurch die Möglichkeit, den Vater als Frau kennenzulernen, ohne ihm zu dieser Zeit schon direkt gegenübertreten zu müssen. Wie das Beispiel von Kaisers zeigt, weckt das Foto in Laura und Tom das Interesse, den Vater bald einmal real als Frau erleben zu können. Als Partnerin oder Partner eines Transmenschen bzw. als Angehörige oder Freund können Sie der Familie, insbesondere den Kindern, einen wertvollen Dienst leisten, wenn Sie ein solches behutsames Vorgehen anregen und unterstützen.

Vielleicht hat es Sie als Leserin oder Leser befremdet zu erfahren, dass Herr Kaiser sich in Gegenwart der Kinder umzieht und schminkt, als er sich ihnen zum ersten Mal als Frau präsentieren will. Selbstverständlich müssen die Eltern sich zunächst einig werden, ob ein solches Vorgehen für sie stimmig ist, ob die Kinder einverstanden sein werden und auch ob die Ehefrau einer Transfrau dabei anwesend sein möchte. Fühlt sie sich, wie Frau Kaiser, dazu fähig, so ist dies in verschiedener Hinsicht ein sehr konstruktives Vorgehen. Zum einen demonstrieren die Eltern noch einmal ihre Einigkeit, indem beide bei diesem »Verwandlungsprozess« anwesend sind. Zum anderen können die Kinder dadurch, dass sie den Prozess des Rollenwechsels direkt miterleben, wahrnehmen, dass der Vater zwar eine Frau ist – »viel schicker« sogar als die Mutter, wie Tom dem Vater ins Ohr flüstert –, aber für die Kinder nach wie vor der Vater bleibt. Nicht zuletzt deshalb fällt es Laura und Tom auch nicht sonderlich schwer, den Vater später mit seinem weiblichen Namen »Sylvia« anzusprechen.

Unterschiedliche Reaktionen mag bei Ihnen als Leserin oder Leser unter Umständen auch die Tatsache ausgelöst haben, dass Herr Kaiser – wiederum in Absprache mit seiner Frau und nach vorheriger sorgfältiger Information der Kinder – schließlich im Haus nur noch als Frau auftritt. »Ist das nicht eine enorme Belastung für die Kinder und für Frau Kaiser?«, mögen Sie sich fragen. Das Gegenteil ist der Fall. Auf diese Weise gewöhnen sich Laura und Tom daran, den Vater als Frau zu erleben. Mit der Zeit wird dies für sie zu etwas Selbstverständlichem. Ich habe in der Beratung von Familien mit einer Transfrau erlebt, dass kleinere Kinder, die ihren Vater von jeher im Haus als Frau gesehen hatten, sich, als sie in Familien von Klassenkameradinnen und Kameraden deren Väter erlebten, wunderten, dass diese Väter nicht auch Frauenkleider trugen.

Diese langsame Gewöhnung an die weibliche Aufmachung des Vaters hat dann auch positive Konsequenzen für die Kinder der Familie Kaiser, als sich der Vater – wieder in Absprache mit seiner Frau und den Kindern – zum Rollenwechsel auch außerhalb des Hauses entschließt. Für Laura und Tom ist sein Frausein inzwischen etwas so Selbstverständliches geworden, dass sie kein Problem haben, damit in der Öffentlichkeit umzugehen.

Vielleicht denken Sie, dies sei wohl doch eine allzu positive Darstellung einer solchen Situation. Die Befunde von Untersuchungen an Kindern von Transeltern wie auch meine persönliche Erfahrung aus der mehr als 40-jährigen Begleitung von Transmenschen und ihren Familien zeigen jedoch, dass Kinder die Transition eines Elternteils im Allgemeinen gut verkraften. Mitunter reifen sie sogar daran in besonderer Weise. Voraussetzung ist allerdings – und dafür ist die Familie Kaiser ein gutes Beispiel –, dass es den Eltern gelingt, die Transidentität des einen Ehepartners möglichst konfliktfrei in ihre Beziehung zu integrieren und gemeinsam die Kinder Schritt für Schritt mit dem Leben des transidenten Elternteils in der neuen Rolle vertraut zu machen.

Ich habe einige erwachsene Klientinnen und Klienten gesprochen, die als Kinder und Jugendliche von der Transidentität eines Elternteils erfahren und die Transition miterlebt haben. In ihrer Erinnerung an diese Zeit ist es nicht einfach für sie gewesen zu erleben, dass der Vater zur Frau bzw. die Mutter zum Mann wurde. Trotz aller individuellen Unterschiede zwischen den beteiligten Personen und der jeweiligen Familiendynamik zeigt sich jedoch übereinstimmend, dass dieser Prozess von den Kindern dann letztlich gut durchlaufen worden ist und keine Verletzungen hinterlassen hat, wenn die Eltern mit dieser Situation konstruktiv umgehen konnten und der nicht transidente Elternteil sich nicht massiv enttäuscht und verletzt gefühlt hat bzw. seine Probleme mit einer Fachperson besprechen und lösen konnte.

Mir ist bewusst, dass Sie sich als Ehefrau einer Transfrau bzw. als Ehemann eines Transmannes durch eine solche Formulierung unter Umständen erheblich unter Druck gesetzt fühlen. »Dann muss ich nicht nur mit meinen Gefühlen fertigwerden, wenn mir mein Ehepartner eröffnet, transident zu sein, sondern ich bin auch noch für das Wohlergehen der Kinder verantwortlich«, mögen Sie denken. Zum Teil ist es tatsächlich so. Deshalb ist es oft empfehlenswert, dass die Ehefrauen und Ehemänner von Transmenschen auch eine psychotherapeutische Begleitung suchen, in der ihre soziale Situation, ihre Ängste und Sorgen sowie ihre Gefühle der Verletztheit im Mittelpunkt stehen. Auf der anderen Seite gehört zur Familie aber selbstverständlich auch der transidente Elternteil, der die eheliche Beziehung ebenso mitprägt wie der nicht transidente Teil. Je tragfähiger die emotionale Basis der Ehe vor Bekanntwerden der Transidentität ist, desto besser gelingt es den Ehepartnern im Allgemeinen, konstruktiv mit dieser Situation umzugehen und sie so zu gestalten, dass die Kinder keinen Schaden nehmen.

Außerdem können Sie als Angehörige oder Freund einer Familie mit einem Transelternteil gerade dann eine wertvolle Hilfe sein, wenn die Ehepartner große Probleme mit der Transidentität haben und sich, wie in der Familie Schuster, eine vor allem für die Kinder unheilvolle Dynamik abzeichnet. Als den Eltern nahestehende Person können Sie zur Deeskalation beitragen oder auch den zutiefst verletzten nicht transidenten Elternteil ermutigen, in dieser schwierigen Situation für sich psychotherapeutische Unterstützung zu suchen. Schließlich dürfen Sie auch nicht unterschätzen, wie wichtig es für den nicht transidenten Elternteil ist, sich Ihrer Wertschätzung und Akzeptanz sicher zu sein und offen mit Ihnen über die Situation in der Familie und über die dadurch ausgelösten Gefühle sprechen zu können.

Wenn Sie diesen Ratgeber lesen, besteht eine gewisse Gefahr, dass Sie die hier genannten Strategien, so auch das beim Ehepaar Kaiser geschilderte Vorgehen, als verbindliche, in jedem Fall anzuwendende Maßnahmen betrachten. Dies ist nicht meine Absicht. Es sind vielmehr *Möglichkeiten,* die sich für Transmenschen und ihre Angehörigen und Freunde bewährt haben. Nur Sie selbst aber können entscheiden, ob ein solches Vorgehen auch in Ihrer Familie sinnvoll und durchführbar ist oder ob Sie besser völlig andere Wege gehen.

Auf den Punkt gebracht

- Die Befürchtung, Kinder von Transeltern würden in ihrer Entwicklung beeinträchtigt und würden durch die Transition eines Elternteils psychisch Schaden erleiden, ist sachlich nicht berechtigt. Diese Kinder entwickeln sich wie andere Kinder auch.
- Versuchen Sie als nicht transidenter Elternteil unter allen Umständen, ihre persönlichen Konflikte mit dem transidenten Elternteil nicht auf dem Rücken der Kinder auszutragen. Machen Sie die Kinder nicht zu »Verbündeten«. Das bringt sie in Loyalitätskonflikte und belastet sie.
- Wenn Sie sich als nicht transidenter Elternteil nicht in der Lage fühlen, nach dem Rollenwechsel Ihres Transpartners bzw. Ihrer Transpartnerin mit ihm oder ihr weiter zusammenzuleben, teilen Sie dies, am besten gemeinsam, Ihren Kindern mit und versichern Sie ihnen,

dass dadurch das Verhältnis der Kinder zu beiden Elternteilen nicht beeinträchtigt wird.

- Wie die Kinder die Information über die Transidentität und die Transition eines Elternteils verarbeiten, hängt vom Alter der Kinder und ihrer Beziehung zu den Eltern ab (am besten verarbeiten es Kinder in der Vorpubertät und im jungen Erwachsenenalter) sowie davon, ob Sie als Elternpaar die Information gemeinsam planen und durchführen und durch das gemeinsame Auftreten den Kindern größtmögliche Sicherheit vermitteln.
- Informieren Sie Ihre Kinder schrittweise, und geben Sie ihnen Zeit, sich an die Vorstellung, die Mutter sei ein Mann bzw. der Vater eine Frau, zu gewöhnen, und informieren Sie sie jeweils über die geplanten nächsten Schritte im Coming-out des Transelternteils.
- Informieren Sie, vor allem bei jüngeren Kindern, die Kindergärtnerinnen, Lehrerinnen und Lehrer über die familiäre Situation und bitten Sie sie, Sie zu benachrichtigen, wenn sie irgendwelche Verhaltensauffälligkeiten oder Anzeichen für psychische Probleme bei den Kindern beobachten.
- Falls bei den Kindern Probleme auftauchen, suchen Sie eine psychotherapeutische Begleitung für die Kinder bei einer mit Transidentität erfahrenen Fachperson.

Schluss: Das Wichtigste auf einen Blick

- Der Begriff »Transidentität« trifft die Situation von Transmenschen besser als der häufig in der Öffentlichkeit verwendete Begriff »Transsexualität«, da es bei ihnen nicht um die sexuelle Ausrichtung geht, sondern um ihre Identität. Transidente sind der Überzeugung, dem anderen Geschlecht anzugehören. Viele streben durch die Behandlung mit gegengeschlechtlichen Hormonen und chirurgische Maßnahmen eine körperliche Angleichung an das andere Geschlecht und ein Leben in der ihrer Identität entsprechenden Rolle an. Wir sprechen von »Transfrauen« (biologische Männer, die in ihrer Identität Frauen sind) und »Transmännern« (biologische Frauen, die in ihrer Identität Männer sind).
- Es gibt nicht den »typischen« Transmenschen. Die Persönlichkeiten und Lebensgeschichten von Transmenschen sind so unterschiedlich wie die anderer Menschen auch.
- Nicht nur Erwachsene werden sich ihrer Transidentität bewusst, sondern vermehrt teilen auch Kinder und Jugendliche ihren Eltern mit, dass sie »trans« sind.
- Transidentität hat nichts mit psychischer Erkrankung zu tun, sondern umfasst, wie bei allen Menschen, das ganze Spektrum von Gesundheit bis Krankheit.
- Transidentität ist kein Phänomen, das sich nur in unserer Kultur und in unserer Epoche findet. In Asien und bei den Indianern Nordamerikas gab bzw. gibt es Menschen, zum Teil mit hohem sozialen Status, die in der Rolle des anderen Geschlechts leben.
- Transidentität ist zu unterscheiden von Transvestitismus. Transvestiten empfinden das Schlüpfen in die Rolle des anderen Geschlechts als lustvoll. Sie streben jedoch, im Gegensatz zu Transmenschen, kein dauerhaftes Leben in der anderen Rolle und auch keine Änderung ihres Körpers an.
- Transidentität sagt nichts über die sexuelle Orientierung aus. Unter Transmenschen gibt es hetero-, bi- und homosexuelle Ausrichtungen.

Es findet sich bei ihnen eine gegenüber der Gesamtbevölkerung erhöhte Zahl von Personen, die in der angestrebten Rolle eine gleichgeschlechtliche Partnerschaft führen.

- Transmenschen durchlaufen einen Coming-out-Prozess, in dessen erster Phase sie ihre Transidentität wahrnehmen und akzeptieren und in dessen zweiter Phase sie gegenüber ihrer Umgebung als Transmenschen in Erscheinung treten.
- Gestehen Sie sich als Angehörige oder Freund eines Transmenschen zu, dass die erste Mitteilung der Transidentität einer Ihnen nahestehenden Person starke Gefühlsregungen, vor allem Irritation, in Ihnen auslöst.
- Es ist ein Vertrauensbeweis der transidenten Person Ihnen gegenüber, dass sie Ihnen von der Transidentität berichtet. Es braucht großen Mut und innere Stärke, sich als transident zu outen.
- Auch Sie als Angehörige/r eines Transmenschen durchlaufen einen ähnlichen Coming-out-Prozess, indem auch Sie die Transidentität der Ihnen nahestehenden Person akzeptieren und sich dann gegenüber der Umgebung als Angehörige/r einer Transperson zu erkennen geben.
- Wenn Sie Fragen an die Ihnen nahestehende Transperson haben, stellen Sie sie offen, aber respektvoll.
- Informieren Sie sich so umfassend wie möglich über Transidentität, und fragen Sie vor allem den Ihnen nahestehenden Transmenschen selbst. Er ist der eigentliche Experte und kann Ihnen Antwort auf viele Ihrer Fragen geben. Auf diese Weise können Sie den ersten Schritt in Ihrem Coming-out als Angehörige/r (Akzeptieren der Transidentität) erfolgreich bewältigen. Mit sachlich fundierter Information gelingt Ihnen dann auch der zweite Schritt in Ihrem Coming-out, das Hinaustreten als Angehörige/r eines Transmenschen, wesentlich besser.
- Auch als Freundin oder Freund sowie als Kollegin oder Kollege im beruflichen Bereich durchlaufen Sie einen ähnlichen Coming-out-Prozess und geraten mitunter in die Situation, sich und die Ihnen nahestehende Transperson gegen kritische und entwertende Äußerungen Dritter verteidigen zu müssen.

- Die Befürchtung von Transmenschen und ihren Angehörigen, durch das Coming-out könnten am Arbeitsplatz große Probleme entstehen, entspricht im Allgemeinen nicht in dem Maße der Realität, wie oft angenommen. Es gilt aber abzuwägen, ob die Mitteilung der Transidentität und der Rollenwechsel unter Umständen doch große berufliche Nachteile zur Folge haben könnten und deshalb ein Coming-out am derzeitigen Arbeitsplatz zurückgestellt werden muss.
- Entschließt sich ein Transmensch für das Coming-out und den Rollenwechsel am Arbeitsplatz, müssen diese Schritte umsichtig geplant werden. Sinnvoll sind sorgfältige Absprachen mit den Vorgesetzten. Eine sehr gute Wirkung hat beispielsweise eine vom Vorgesetzten und dem Transmitarbeiter gemeinsam verfasste Mitteilung an die übrigen Mitarbeiterinnen und Mitarbeiter.
- Immer häufiger äußern Kinder und Jugendliche in den letzten Jahren, dass sie sich dem anderen Geschlecht zugehörig empfinden. Die Zahl von psychologisch/psychiatrischen Fachpersonen, die Erfahrung mit transidenten Kindern haben, ist eher klein. Am besten erkundigen Sie sich bei den Zentren, die es an den verschiedenen Universitätskliniken zur Behandlung von Transmenschen gibt, nach ausgewiesenen Fachleuten und klären mit diesen Ihre Situation. In der Regel ist eine psychotherapeutische Begleitung von Transkindern empfehlenswert.
- In Fachkreisen bestehen zum Teil unterschiedliche Ansichten zur Behandlung von Transkindern in der Vorpubertät mit pubertätsblockierenden Medikamenten. Treffen Sie die Entscheidung für eine derartige Behandlung nach reiflicher Überlegung, und lassen Sie sich dabei von den Fachleuten beraten.
- Das Coming-out und der Rollenwechsel eines Transkindes in der Schule müssen sorgfältig von Eltern, Lehrerinnen und Lehrern sowie der das Kind behandelnden Fachperson geplant und begleitet werden.
- Transmenschen sind nachweislich in höherem Maße als andere gefährdet, Opfer von Gewalt zu werden. Als Familienmitglied, Freund oder Freundin müssen Sie jedoch in Mitteleuropa nicht permanent in Angst und Sorge um die Ihnen nahestehende Transperson sein.
- Auch in der Öffentlichkeit müssen Transmenschen unter Umständen mit Ausgrenzungen und für sie peinlichen Situationen rechnen. Die

Realität zeigt aber, dass sie vielfach doch zuvorkommend und höflich behandelt werden. Damit beim Kontakt der Transmenschen mit offiziellen Stellen nach dem Rollenwechsel vor der Personenstandsänderung keine Probleme entstehen, hat es sich bewährt, wenn sie von der begleitenden Fachperson eine Bescheinigung ausgestellt bekommen, dass das Auftreten in der Kleidung des anderen Geschlechts im Rahmen einer psychologisch-medizinischen Maßnahme erfolgt.

- Gründe für die Feindseligkeit gegenüber Transmenschen sind vor allem, dass Transmenschen die in unserer Gesellschaft als selbstverständlich geltende Zweigeschlechtlichkeit (es gibt nur Frauen *oder* Männer) und die traditionellen Rollen von Frau und Mann in Frage stellen, was besonders bei Männern mit traditionellen, patriarchalen Rollenvorstellungen Ablehnung hervorruft.
- Ausgrenzungen von Transmenschen gibt es auch in Familien, beispielsweise indem Ehepartnerinnen und Ehepartner die Transperson mit der Androhung, die Beziehung abrupt zu beenden oder dem Transelternteil die Kinder zu entziehen, unter Druck setzen. Wenn Sie Zeuge bzw. Zeugin von massiven Konflikten werden, können Sie einen wichtigen Beitrag zur Lösung der Probleme leisten, indem Sie sich als Vermittler/in anbieten, den Beteiligten bei der Suche nach einer Fachperson behilflich sind und sie auf Selbsthilfegruppen für Transmenschen und ihre Angehörigen (siehe Anhang) hinweisen.
- Diskriminierungen von Transmenschen können auch von »Fachleuten« ausgehen, wenn sie die Transidentität als »psychische Erkrankung« ansehen und unter Umständen die hormonelle und chirurgische Angleichung an das andere Geschlecht ablehnen. Eine Diskriminierung besteht auch darin, dass Transmenschen sich zur Erreichung der körperlichen Angleichung an das andere Geschlecht und der Personenstandsänderung zum Teil Richtlinien von Fachleuten unterwerfen müssen (z. B. im Rahmen des Alltagstests den Rollenwechsel vollziehen müssen), auch wenn ihnen klar ist, dass dies erhebliche berufliche Risiken in sich birgt. Außerdem sind sie bei diesen Schritten auf Gutachten angewiesen. Ihnen wird damit die Möglichkeit einer selbstverantwortlichen Entscheidung genommen. Aus diesem Grund sollte es baldmöglichst Änderungen in der Behandlung und in der Rechtsprechung geben.

- Zu erfahren, dass Ihr Partner bzw. Ihre Partnerin transident ist, ist für Sie als Ehefrau oder Ehemann zumeist schockierend, es verletzt Sie und macht Sie traurig. Je nach Persönlichkeit der Beteiligten und nach der Dynamik Ihrer Ehe gibt es unterschiedliche Arten, mit dieser Situation umzugehen. Treffen Sie keine kurzschlüssigen Entscheidungen, sondern geben Sie sich und Ihrer Transfrau bzw. Ihrem Transmann Zeit.
- In dieser Situation stellt sich Ihnen die Frage, ob Sie auch nach dem Rollenwechsel und der körperlichen Angleichung weiterhin zusammenbleiben wollen. Bleiben Sie innerlich für alle Möglichkeiten offen. Überfordern Sie sich nicht, indem Sie als nicht transidenter Teil meinen, um jeden Preis »durchhalten« zu müssen. Brechen Sie aber auch nicht vorschnell eine Beziehung ab, die Ihnen wichtig ist.
- Im Allgemeinen verarbeiten Kinder von Transeltern es gut, wenn ihre Mutter oder ihr Vater den Rollenwechsel und die körperliche Angleichung an das andere Geschlecht vornehmen, und zeigen keine psychischen Auffälligkeiten.
- Trotz aller Betroffenheit und Verletztheit, die Sie als nicht transidenter Elternteil erleben, sollten Sie sich bemühen, Ihren Konflikt mit dem Transpartner bzw. der Transpartnerin nicht über die Kinder auszutragen. Machen Sie Ihre Kinder nicht zu »Verbündeten« mit dem einen oder anderen Elternteil. Treten Sie den Kindern gegenüber weiterhin gemeinsam als Elternpaar auf.
- Wenn der Transelternteil den Rollenwechsel auch außerhalb der Familie vollzieht, sollten zuvor die wichtigsten Bezugspersonen des Kindes (z. B. Lehrer und die Eltern von Klassenkameraden) informiert werden. Die Kinder dürfen nicht zu Geheimnisträgern werden, die die innerfamiliäre Situation der Umgebung gegenüber verheimlichen müssen.
- Wenn Sie als Eltern spüren, dass Ihr Kind massiv unter der Situation Ihrer Familie leidet, suchen Sie psychotherapeutische Hilfe bei einer mit Transidentität erfahrenen Fachperson.
- Informieren Sie die Kinder schrittweise, und geben Sie ihnen Zeit, sich an die Vorstellung, die Mutter sei ein Mann bzw. der Vater eine Frau, zu gewöhnen. Informieren Sie sie jeweils über die geplanten nächsten Schritte.

- Informieren Sie, vor allem bei jüngeren Kindern, die Kindergärtnerinnen, Lehrerinnen und Lehrer über die familiäre Situation und bitten Sie sie, Sie zu benachrichtigen, wenn sie irgendwelche Verhaltensauffälligkeiten oder Anzeichen für psychische Probleme bei den Kindern beobachten.
- Sehen Sie trotz der emotionalen Belastung, die das Coming-out Ihrer Angehörigen oder Ihres Freundes für Sie mit sich bringen mag, auch die positive Seite der Transidentität: Transmenschen lehren uns, dass die Welt vielfältiger ist, als wir sie oft wahrnehmen. Und betrachten Sie Transidentität im Sinne des Diversity-Konzepts als *Bereicherung*.

Literatur und hilfreiche Adressen

Literatur

Diagnostische Kriterien des Diagnostischen und Statistischen Manuals Psychischer Störungen, DSM-IV-TR. Dt. Bearbeitung von H. Sass, H.-U. Wittchen, M. Zaudig und I. Houben. Hogrefe, Göttingen 2003.

Güldenring, A. (2009): Phasenspezifische Konfliktthemen eines transsexuellen Entwicklungsweges. In: PID 10, S. 25–31.

Güldenring, A.-K. (2013): Zur »Psychodiagnostik von Geschlechtsidentität« im Rahmen des Transsexuellengesetzes. In: Z Sexualforsch. 26, S. 160–174.

Haupt, H.-J. (2011): Sozialpsychiatrischer Dienst Uri: Transsexualität. Grundlegende neurowissenschaftlich-medizinische, menschenrechtskonforme Positionsbestimmungen und daraus abgeleitete Empfehlungen für die Begleitung, Betreuung und Therapie transsexueller Menschen. »Altdorfer Empfehlungen«, Finale Version 1.0. http://de.scribd.com/doc/76232225/Transsexualitaet-Altdorfer-Empfehlungen-Finale-Version-1-0-18102011 (Zugriff: 8.4.2013).

Hembree, W. C. / Cohen-Kettenis, P. / Delemarre-van de Waal, A. / Gooren, L. J. / Meyer, W. J. / Spack, N. P. / Tangpricha, V. / Montori, V. M. (2009): Endocrine treatment of transsexual persons: An endocrine society clinical practice guideline. In: Journal of Clinical Endocrinology & Metabolism 94/9, S. 3132–3154.

ICD-10-GM 2012. Systematisches Verzeichnis. Dt. Bearbeitung von B. Graubner. Deutscher Ärzte-Verlag, Köln 2012.

Lang, S. (1990): Männer als Frauen, Frauen als Männer. Geschlechtsrollenwechsel bei den Indianern Nordamerikas. Wayasbah, Hamburg.

McNeil, J. / Bailey, L. / Ellis, S. / Morton, J. / Regan, M. (2012): UK Research Report on Trans Mental Health and Emotional Wellbeing. Study 2012. Scottish Transgender Alliance. www.scottishtrans.org.

Olyslager, F. / Conway, L. (2008): Transseksualiteit komt vaker voor dan u denkt. En nieuwe kijk op de prevalentie van transseksualiteit in Nederland en Belgie. In: Tijdschrift voor Genderstudies 11, S. 39–51.

Rauchfleisch, U. (1977): Alternative Familienformen. Eineltern, gleichgeschlechtliche Paare, Hausmänner. Vandenhoeck & Ruprecht, Göttingen.

Rauchfleisch, U. (2011): Schwule. Lesben. Bisexuelle. Lebensweisen, Vorurteile, Einsichten. 4. Aufl. Vandenhoeck & Ruprecht, Göttingen.

Rauchfleisch, U. (2012a): Mein Kind liebt anders. Ein Ratgeber für Eltern homosexueller Kinder. Patmos, Ostfildern.

Rauchfleich, U. (2012b): Transsexualität – Transidentität. Begutachtung, Begleitung, Therapie. 3. Aufl. Vandenhoeck & Ruprecht, Göttingen.

Schweizer, K. / Richter-Appelt, H. (Hg.) (2012): Intersexualität kontrovers. Grundlagen, Erfahrungen, Positionen. Psychosozial-Verlag, Gießen.

Sigusch, V. (1995): Geschlechtswechsel. Rotbuch, Hamburg.

Tietz, L. (2003): Two Spirit als ethnische, geschlechtliche und sexuelle Identität: Lebensgeschichtliche Porträts veranschaulichen die Transformation indigener Konzepte in Nordamerika. In: E. Hermann / B. Röttger-Rössler (Hg.) (2003): Lebenswege im Spannungsfeld lokaler und globaler Prozesse. Person, Selbst und Emotion in der ethnologischen Biografieforschung (Göttinger Studien zur Ethnologie Bd. 11). LIT, Münster, S. 127–152.

Transgender Network Schweiz (2012): Transpersonen und Arbeitsmarkt in der Schweiz. TGNS. http://www.transgender-network.ch/wp-content/uploads/2012/06/2012-Transpersonen-und-Arbeitsmarkt-in-der-Schweiz_Abstract.pdf (Zugriff: 8.4.2013).

Trans Murder Monitoring (2012): TDOR 2012. TransRespect versus Transphobia. http://www.transrespect-transphobia.org/uploads/downloads/TMM/TvT-TDOR2012PR-de.pdf (Zugriff: 8.4.2013).

Van Kesteren, P. J. M. / Asscheman, H. / Megens, J. A. J. / Gooren, L. J. G. (1997): Mortality and morbidity in transsexual subjects treated with cross-sex hormones. In: J. Clin. Endocrinol. 47, S. 337–343.

White, Edmund (1996): Die Freuden des schwulen Lebens. In: Ders.: Die brennende Bibliothek. Kindler, München.

World Professional Association for Transgender Health (WPATH) (2011): Standards of Care for the Health of Transsexual, Transgender, and Gender Nonconforming People. 7th Version 2011. http://www.wpath.org/publications_standards.cfm (Zugriff: 8.4.2013).

Weiterführende Literatur

Brill, S. / Pepper, R. (2011): Wenn Kinder anders fühlen. Identität im anderen Geschlecht. Reinhardt, Basel.

Licht, M.: TM-Brevier (2012): Das Handbuch für Transmänner. Tredition, Hamburg.

Hilfreiche Adressen von Organisationen und Anlaufstellen für Transmenschen und ihre Angehörigen

Deutschland

BVT: Bundesverband Trans* (www.bv-trans.de)
TRIQ: TransInterQueer e.V. Berlin (www.transinterqueer.org)
Tra-Ki-Ne: Trans-Kinder-Netz (http://trans-kinder-netz.de)
Dgti: Deutsche Gesellschaft für Transsexualität u. Intersexualität e.V. (www.dgti.org)
Transmann e.V. (http://transmann.de)
Trans-Eltern: Infoportal über Transsexualität (www.trans-eltern.de)
Viva TS: Viva Transsexuellen Selbsthilfe München e.V. (www.vivats.de)
Lambda Bayern: Transjugendprojekt (www.lambda-bayern.de/ transjugendprojekt)

Österreich

Trans-Austria (www.trans-austria.org/trans-austria)
TransX (www.transx.at)
TransGender in Österreich (http://transgender.at/index.html)

Schweiz

Transgender-Network Switzerland: für Transmenschen, Angehörigengruppe, Jugendgruppe (www.tgns.ch)

Fondation Agnodice (www.agnodice.ch)

Fachstelle Zürich: Beratung von Transmenschen (deutsch, englisch) (www.transgender-network.ch/beratung-treffen)

Fachstelle Lausanne: Beratung von Transmenschen (www.mycheckpoint.ch)

Europa

Transgender Europe (TGEU) (www.tgeu.org)

Anmerkungen

1 Vgl. dazu Schweizer/Richter-Appelt (2012).
2 Lat. »cis« = diesseits. Der Begriff »Zissexualität« wurde vom Sexualwissenschaftler Volkmar Sigusch geprägt, vgl. Sigusch (1995).
3 Vgl. van Kesteren et al. (1997).
4 Vgl. Olyslager/Conway (2008).
5 Vgl. Tietz (2003).
6 Vgl. Lang (1990).
7 McNeil et al. (2012).
8 Vgl. Güldenring (2009, 2012).
9 Vgl. Rauchfleisch (2011, 2012b).
10 Hembree et al. (2009).
11 Vgl. Haupt (2012).
12 Vgl. Rauchfleisch (2012a).
13 Vgl. Güldenring (2009).
14 Vgl. Rauchfleisch (1977, 2011).
15 Vgl. ders. (2011, 2012b).
16 Vgl. auch Güldenring (2013).
17 Vgl. White (1996), S. 33–52.